政治哲学者は何を考えているのか？

メソドロジーをめぐる対話

編著 宇野 重規
加藤 晋

keiso shobo

はじめに

本書のタイトルは『政治哲学者は何を考えているのか？』である。これは私としては、かなり正直につけたものである。いわゆる政治哲学者と呼ばれる人の思考法について、自分自身よく理解しているのかというと、実はそうでもない。わかっているつもりになっているだけかもしれない。ならば、一度、きちんと本物の政治哲学者たちから話を聞いた方がいいのではないか。そのような思いから本書の企画は出発した。

私自身のことをいうと、本来の専門は政治思想史になる。丸山眞男などの傑出した政治思想史研究者の存在によって、戦後日本の政治学においては政治思想史研究が大きな位置を占めてきた。自分自身、そのような学問的伝統の中で研究者としてのキャリアを築いてきたという自覚がある。

しかしながら、その一方で、思想をあくまで歴史的な流れの中において捉える思想史ではなく、むしろ政治をめぐる重要な概念をそれ自体として、哲学的に再検討したいという思いをいつしか抱くようになった。『政治哲学へ——現代フランスとの対話』（東京大学出版会、二〇〇四年）は、そのような思いの産物である。

この場合、私の念頭にあったのはピエール・ロザンヴァロンをはじめとする現代フランスの政治哲学者たちであった。フランスの政治哲学の場合、それでも伝統的に社会学や歴史学との結びつきが強い。これに対し、その後の日本において主流になったのは、むしろ英米的な、より純粋に概念分析を武器とする政治哲学であった。自分の中でも、このような政治哲学という概念自体をめぐるズレのような感覚に戸惑い続けることになった。

いったい自分は政治哲学者（あるいは政治哲学研究者）の端くれなのか、あるいはそうではないのか。政治をめぐる重要概念を哲学的に再検討したいという思いは強いが、そのためには概念をめぐる経験的要素はすべて排除して、純粋に概念をそれ自体、論理的に分析するべきなのか。それこそが政治哲学なのか。思いは千々に乱れた。

そのような葛藤はジョン・ロールズの『正義論』や『政治的リベラリズム』などを読み続け、さらに熟議民主主義や認識的民主主義などをめぐる最新の知見を得るにつれて募るばかりであった。そうだとすれば、現代政治哲学の展開を理解するにあたって、あらためて自分の方法論的前提を見直すしかない。そのような思いを、同僚であり、厚生経済学者であると同時に政治哲学者として活躍されている加藤晋さんと温め、実現したのが本書である。その際には、現代が社会科学のメソドロジー（方法論）をめぐる大変革期であることをつねに意識することになった。

最初の対話の相手は井上彰さんと犬塚元さんであった。井上さんは、いうまでもなく、現代日本を代表する政治哲学の理論家であり、犬塚さんは私がもっとも信頼し、尊敬する同世代の政治思想史研究者である。お二人の真摯、かつ真正面からの方法論的対決こそ、本書の基調をかたち作っている。およそ思想を研究することの本質的な意味を問い直すことから本書はスタートすることになった。

次に私たちはリバタリアニズムを検討したいと考え、第一人者である森村進さんと広瀬巌さんの胸を借りることになった。思想として非常に魅力的でありながら、なかなか日本で十分に理解されているとは言えないのがリバタリアニズムである。左派リバタリアニズムやリバタリアン・パターナリズムを含め、リバタリアニズムの可能性を再考するのに格好の議論を提供できたと信じている。

ここでやや視点を移し、「道徳理論としての利己主義」について考えたいと思い、お招きしたのが重田園江さんと押谷健さんである。政治思想史・社会思想史研究者である重田さんは、近年、『社会契約論』や『ホモ・エコノミクス』などの話題作を次々に刊行されている。押谷さんはスキャンロンの契約主義を研究する政治哲学研究の俊英である。経済学者としての加藤さんの問題意識がお二方の議論と交錯し、実に興味深い対話ができたと思っている。

自分自身、もっとも深く反省を迫られたのがリベラリズム論であった。安易に歴史を超えた「リベラリズム」の概念の存在を前提とし、議論しがちな研究潮流に対し、敢然と異を唱えられるのが、思想史研究の最前線に立つ馬路智仁さんである。日本政治思想史を研究される趙星銀さんからの問題提起と合わせ、そもそも思想史研究はいかにして可能かを再考することになった。

現代の政治哲学者の思考法について知りたいと冒頭で書いた。しかしながら、私にとっての足元である思想史研究においても大きな波が押し寄せているようだ。グローバル・ヒストリーを研究する前出の馬路さんもそうだが、古田拓也さん、柳愛林さん、関口佐紀さん、上村剛さんという四人の優れた若手研究者に、受容史をテーマに存分に語っていただいたのも、本書の魅力の一つである。

この二〇年を通じて、もっとも発展した政治哲学・政治理論のテーマの一つが熟議民主主義であろう。その第一人者であり、日本での議論をリードされてきた田村哲樹さんと、ハーバーマス研究から出発して現代民主主義論を展開する田畑真一さんに参加していただき、本書を終えられたことをうれしく思っている。この間における熟議民主主義論の達成と、逆にそれゆえに見えにくくなった問題点を存分に論じることができたのではなかろうか。

私たちが日頃、当たり前のように使う「民主主義」や「リベラリズム」、「利益」や「社会的」といった概念の自明性が、今こそ真剣に問い直されなければならない。ＳＮＳなどを見れば、あらゆる言葉が恣意的に、そして政治的に濫用されることにうんざりするばかりであるが、そのような動きに少しでも反撃するためにも、政治をめぐる諸概念を鍛え直さなければならない。本書をまとめる過程であらためてその思いを新たにした。

本書は現在、あるいはこれから政治哲学について専門に研究したいと思っている方はもちろん、およそ政治哲学や政治思想史に関心を持ち、現代の研究状況を知りたい方にぜひ読んでいただきたい。第一線の研究者による発表と、二人の編者が加わっての、ときに「知的乱闘」を交えたパネルディスカッションを楽しんでいただければ幸いである。

宇野重規

目　次

パネルディスカッション構成：斎藤哲也

第１回
ロールズ思想とは何だったのか
――政治思想史と政治哲学の現在

ジョン・ロールズは、一九七一年に出版した『正義論』によって現代の政治哲学の方向性を決定づけました。現代の政治哲学では、その論点だけに限らず、どのように課題設定を行なうのか、そして、それにどのようなアプローチで取り組むのかといったものすらもロールズの議論をベンチマークとしていると言っても過言ではありません。

よく知られていることですが、「無知のヴェール」のもとで正義原理を選択するという彼の理論は、戦後の分析哲学の影響も受けながら、ホッブズやルソーに代表される古典的な社会契約論を、現代的な政治哲学の枠組みへと再構成させたものです。分析哲学と古典からの影響は、ロールズ哲学の全体像を理解するうえで、重要なものとなります。ロールズは五〇年ほどもあるキャリアのなかで、正義というテーマを一貫して扱う一方で、分析哲学や思想史への向き合い方を大きく変化させています。一九九三年に出版された『政治的リベラリズム』というロールズの第二の主著では、分析哲学からの影響が後退して、古典への関心が読み取れます。このことは、ヴィトゲンシュタイン哲学から大きな示唆を得ていた五〇年代から大きな変化があったことを意味します。果たして、ロールズは、分析哲学と思想史がどのような関係にあると考えていたのでしょうか。

この問いを深めていくことは、ロールズを理解する以上の意味合いがあるように思われます。政治思想史と分析的政治哲学という、二つのアプローチが、政治哲学における最重要人物の思想のなかにどのように融合されているかを考えることで、政治思想の方法論を理解するきっかけが得られるかもしれません。二つのアプローチがどのように関わるのか、そして、この関わりが両者を包括する広い意味での政治哲学を理解していくうえでどういう意味を持つのかといったことを考えていくのが、この回の狙いとなります。

ロールズの思想的「変遷」と哲学の方法

井上　彰

本稿の目的

私からは、「ロールズの思想的「変遷」と哲学の方法」についてお話しします。私の報告では、通説となっている二つの「変遷」を取り上げたいと思います。そのうえで、その通説に疑問を投げかけていこうと思います。

一つは、一九六〇年頃の概念分析をやっていた頃のロールズの議論から、正義の構想、すなわち正義原理を積極的に正当化しようとする『正義論』（一九七一年公刊）[1]へ、という変遷についてです。もう一つは、ロールズが『正義論』公刊以降、さまざまな批判を受けて、特定の価値体系に拠ることができないという認識の下、正義原理を政治的なものとして位置づけるようになった、という変遷にかんしてです。特にこの後期ロールズの変遷を哲学からの後退と見る向きもあります[2]。この報告では、この二つの変遷にかんする通説について、批判的に検討したいと思います。

このような検討を行なうことの意義について触れておきたいと思います。ロールズの思想的変遷の説明は、彼の哲学の骨格となる部分についての理解に基づくべきです。その点をふまえると、後期ロールズを「哲学からの後退」と見る評価は、彼の哲学の本質を見誤っていることに起因するのかもしれません。この報告の目的は、そうしたロールズ哲学・方法論の本質に迫るものでもあります。

正義概念の分析から正義構想の正当化へ

まず、第一の変遷について扱いたいと思います。ロールズが『正義論』を出したのは一九七一年です。一九五一年から六九年にかけてロールズが公刊した論文があるのですが、それらが『正義論』に反映されています。そのなかでも最も重要なのが、「公正としての正義」論文です[3]。これは一九五八年に公刊されているのですが、内容としては正義概念を丁寧に分析する論文です。この論文で彼は、正義原理が生み出される一般的な状況や条件について考察しています。たとえば社会的協働を支える観念として『正義論』以降、ロールズが多用する「相互利益 mutual advantage」の条件、あるいは利益を合理的に追求する人間像や、人間は能力的な違いはあっても大まかには平等であるといった契約論を彷彿とさせるような一般的な状況・条件を想定すると、「公正」が正義の基本的観念になる――こういった仕方で、正義を丁寧に定義していきます。

では、『正義論』ではどのように「公正としての正義」が展開されているのかというと、正義の中身、すなわち「構想」についての話が中心となっています。『正義論』でロールズは、正義原理が生じる一般的状況や条件を反映させる「原初状態」という初期状況を設定します。自分の能力も社会的背景も分からないなかでは、一般的状況・条件についてセンシティブになります。そうした状況で合理的に合意できるものが、正義原理として長らく支持されるものなのだとロールズはいいます。

以上をふまえると、初期ロールズから『正義論』への変遷は、正義の概念分析から構想を正当化するという形へとシフトしているように見えます。実際、『正義論』は正義の構想と制度論を主たる対象としたことにより、政治哲学を変えたといわれています。(4) そうなると、あたかも『正義論』でロールズは概念分析を軽視し、その流れが政治哲学において作られたというように捉えられがちです。私は、それは言い過ぎだと思います。その理由を二つほど挙げたいと思います。

第一の変遷について

一つは、反照的均衡の方法に注目すると浮かび上がってきます。『正義論』では、正義が求められる一般的状況・条件を出発点とします。社会的協働やわれわれの一般的性向を原初状態に反映させる際に依拠するものです。それに依拠する仕方で導き出した正義原理に照らして、「この制度・政策は正しい、正しくない」と評価します。反照的均衡は、その評価と、われわれが直観的に「正しい、正しくない」と判断するものを突き合わせることを求めます。

両者がズレていたら、二つの方向で修正を検討します。一つは、一般的状況や条件にメスを入れることを検討します。そして、原初状態を改定するというのが一つの流れです。もう一つは、われわれの直観の方が間違っていると見て、それを改めるというものです。この二つの修正を検討しながら原理と直観の均衡を目指すというのが、反照的均衡の方法です。

今の話からも分かるように、『正義論』でも一般的状況や条件の分析が出発点となっています。先に見たように、一九五八年に公刊された「公正としての正義」論文で、その点についてロールズは丁寧に分析しました。ところがその議論は直接には、『正義論』の第二節にしか見られません。ここに注目すると、『正義論』においてロールズは概念分析に重きを置いていないように見えます。

しかしロールズは、正義の背景を成す「正義感覚」や「合理性」について、『正義論』の第三部で詳しく検討しています。第三部で展開されるのは、言葉の日常的な意味を分析するといった「ザ・概念分析」ではありません。しかし総じて見ると、かなり概念分析に近いことをやっています。たとえば、第三部第八章で正義感覚について検討しますが、それはまさに初期ロールズが一九六三年に書いた論文を大幅に拡充した形でなされています(5)。すなわち、正義にかかわる一般的状況や条件を織りなす「正義感覚」や「合理性」について、当の一般的状況や条件の経験的基盤として、当時の心理学や経済学の知見をふまえつつ記述的に明らかにし、「公正としての正義」という出発点が地に足の着いたものであることを示そうとしているのです。この点をふまえると、ロールズが概念分析を軽視したと見るのは間違っていると思います。

次に二つ目の理由を述べたいと思います。それは、概念（分析）と構想（の正当化）はくっきり分けられるという見方にかかわります。ロールズは『正義論』で、正義の日常的用法の意味を明らかにするだけでは正義論は成立しないと主張しています。しかしそれを受けて、『正義論』を書いた頃のロールズは「概念分析をやっていても仕方がない、構想の正当化をとにかく目指さないといけない」

と考えていたと見るのは間違いだと思います。そもそもロールズ自身、フルブライト奨学生としてオックスフォードに留学した際に言語哲学の薫陶を受けており、その成果といえる初期の論文が『正義論』に織り込まれている以上、概念分析を軽視するに至ったと見るべきではないと思います。

むしろロールズは、概念分析から出発して規範的原理、すなわち、構想の正当化に至るまでを生涯にわたって取り組んだ、と捉える方が私は自然だと思います。少なくとも、ロールズの第一の変遷についての通説で見られるような素朴な見方は、斥けられるべきだと思います。

『正義論』から政治的リベラリズムへ

それでは、第二の変遷に移りたいと思います。第二の変遷は『正義論』公刊以降の話です。『正義論』は、社会的選択理論の重鎮であるケネス・アローやジョン・ハーサニから、さまざまな批判を受けます[6]。その批判は総じて、原初状態において合理的合意は成立しないというものです。そうした批判を受けて、ロールズは正義原理の合理的正当化に依拠する部分を弱めていったところがあります。それはつまり、「合理性（the Rational）」から「適理性（the Reasonable）」、すなわち、自律的人格にかかわる部分へのウエイトのシフトです。われわれはお互いを合理的な存在として見る。ゆえに、自分だけでなく他の人も合理的に目的を追求する存在であることを了解する。その点をふまえる形で自律に基づく道徳規範が成立する。その規範への志向性を、ロールズは「充分な自律（full autonomy）」と呼んでいます。この自律的人格構想に依拠する形で正義原理を正当化する議論を、ロールズは一九八〇年代に展開します[7]。

さらに、現実の社会を見ると、多元主義の事実に目を向けざるをえなくなる。すなわち、ロールズが『正義論』を書いた時分に想定していた以上に、実際には価値の分断が起きている。となると、特定の価値体系に依拠して正義原理を正当化する試みでは安定的な正義は望めない。ロールズは価値の分断があるなかで、正義はどうあるべきかを考えるようになるわけです。この問題に向き合ったのが、一九九三年に公刊された『政治的リベラリズム』です[8]。

その際ロールズは、リベラルな啓蒙思想が培ってきた寛容の伝統に目を向けます。ヨーロッパでは宗教戦争以降、価値の対立が血みどろの争いをもたらしました。それに対してわれわれ人類は、互いに共約不可能だが互いに認め合う生き方を探求・実践してきました。それを支える枠組みが、先の適理性にかかわっています。ロールズは『政治的リベラリズム』において、「重なり合う合意(overlapping consensus)」という形でそれが醸成されていき、安定的に正義が志向されると述べました。

これに対して、一部の研究者はロールズが戦線後退したと見て批判します。たとえば、法哲学者の井上達夫は、ロールズはアローやハーサニからの批判を受けて合理的正当化を放棄したにもかかわらず、それでも正義原理は正当化しうると高言していると批判します。さらに、コミュニタリアニズムによるロールズ批判、特に哲学的人間学といわれる哲学的構想に依拠することで正義原理を正当化するプロジェクトと向き合わずに、公共的正当化という外挿的なレトリックで哲学から逃げたと批判します[9]。後期ロールズは「脱哲学化」したという、日本において一定の影響力がある批判です。

しかし、諸個人がコミットする価値体系が共約不可能な多元的世界で、適理性を軸に正義原理の公共的正当化を図ることの哲学上の意義は、国際的に見ればすでに確立しています。多元主義の事実をふまえると、個別の道徳はおろか、正義さえも一意的に志向することは難しい状況にあるからです。アメリカにおける人工妊娠中絶の権利をめぐる論戦は、そのことを表しています。そうしたなか、われわれ市民が適理的に受容しうる制度や政策を、いかに、特定の価値体系に照らしての合理的正当化から離れて正当化できるかを検討する試みは、哲学的に重要です。そのことは、アメリカで実際に起こっている妊娠中絶の違法化のように、正義の名の下に確立・施行される制度や政策が、われわれに強制力をもってつきつけられることからも明らかです。後期ロールズの議論に端を発する公共的理性リベラリズムの進展は、そのことを物語っていると思います[10]。

第二の変遷について

公共的理性リベラリズムの進展をふまえても、ロールズは脱哲学化したというのは少なくとも一面的な評価だと即座にいえます。ただそもそも私は、後期ロールズが脱哲学化したという変遷の捉え方は間違っていると思います。二つポイントがあります。

一つは、先ほど触れた反照的均衡という哲学の方法にロールズは準拠した、という解釈に基づきます[11]。価値の分断が進む形で多元主義が先鋭化し、正義を取り巻く一般的状況・条件が変化したことをふまえると、反照的均衡のプロセスを経て原初状態の改定を検討する必要が出てきます。その際、鍵になるのは、「充分な自律」や「判断の負荷（burdens of judgment）」――同じ事実を見ていても様々な人が違う形で事実認定をすることをわれわれは受け入れないといけない――といった要件です。だからこそ、適理性が大きなウエイトを占めるようになるわけです。そういう形でロールズは、われわれは公共的正当化というものを志向せざるをえないと結論づけます。それは、反照的均衡という、まさに哲学の方法に則ったプロセスを経ての結論です。

もう一つは、脱哲学化という批判がそもそも、ロールズが正義を体系的システムとして捉えていた点を無視していることとかかわります。ロールズの議論は、正義の一般的状況・条件から正義の実現に至るまでの体系的システムを正当化する点で評価されるべきです。ロールズの正義論には、正義の体系的システムのなかに、さまざまな原理や考慮、価値が組み入れられています。[12] 一部分、たとえば合理的正当化からロールズが身を引いたというところだけを切り取って、「ロールズは哲学から逃げてしまった、だから後退したんだ」という評価をするのは端的に間違っていると思います。

まとめと今後

私の見立てでは、脱哲学化批判は論点先取的です。哲学は合理的正当化を生業にしないといけないものかというと、そんなことはないわけです。あるいは、哲学的人間学に訴えないと駄目かというと、そんなこともないわけです。反照的均衡の方法に則る、体系的に正義を捉える――これらはすべて、哲学の営為として認められるものばかりです。

もっとも、後期ロールズにおいて、概念分析のウエイトは小さくなっていっています。この辺は、『政治的リベラリズム』が、ある種の思想史的な洞察というものを大きく反映するものとなっていることと関係するかと思います。

最後に、概念分析を基軸とする政治哲学が、ロールズの議論によって駆逐されたかのように喧伝すべきでないことを強調しておきたいと思います。そうした見方は、分析的政治哲学を狭く捉えすぎています。今日の分析的政治哲学者を代表するヒレル・スタイナー[13]、イアン・カーター[14]、G・A・コーエン[15]、そしてカスパー・リッパート－ラスムッセン[16]のように概念分析を大事にし、原理の正当化にまでつなげて研究する政治哲学者は、イギリスやヨーロッパを中心にほかにもたくさんいます。その点をふまえると、ロールズにおける概念分析の位置づけを冷静に見極めると同時に、『正義論』の影響力についても慎重に評価しなければならないと思います。

注

（1）John Rawls, *A Theory of Justice*, Cambridge, MA: Harvard University Press, 1971.

（2）井上達夫『増補新装版　他者への自由――公共性の哲学としてのリベラリズム』勁草書房、二〇二一年。

（3）John Rawls, "Justice as Fairness," *Philosophical Review* 67 (2), 1958, pp.164-194.

（4）Philip Pettit, "The Contribution of Analytical Philosophy," In Robert E. Goodin, Philip Pettit, and Thomas W. Pogge, eds. *A Companion to Contemporary Political Philosophy*, Oxford: Wiley-Blackwell, 2012, p.10; 松元雅和『応用政治哲学――方法論の探究』風行社、二〇一五年、第二章など。

（5）John Rawls, "The Sense of Justice," *Philosophical Review* 72 (3), 1963, pp.281-305; *Theory of Justice*, Ch. 8.

(6) Kenneth J. Arrow, “Some Ordinalist-Utilitarian Notes on Rawls’s Theory of Justice,” *Journal of Philosophy* 70.9, 1973, pp.245-263; Harsanyi, John. “Can the Maximin Principle Serve as a Basis for Morality? A Critique of John Rawls’s Theory,” *American Political Science Review* 69 (2), 1975, pp.594-606.

(7) E.g., John Rawls, “Kantian Constructivism in Moral Theory,” *Journal of Philosophy* 77 (9), 1980, pp.515-572.

(8) John Rawls, *Political Liberalism*, New York: Columbia University Press, 1993.

(9) 井上『他者への自由』一七〜二〇頁。

(10) 公共的理性リベラリズムについては、多元主義の事実の下でも一意の正義構想は描けるとするロールズ主義的な立場（e.g., Jonathan Quong, *Liberalism Without Perfection*, Oxford: Oxford University Press, 2011.）から、正義の多元性を許容する立場（e.g., Gerald Gaus, *The Order of Public Reason: A Theory of Freedom and Morality in a Diverse and Bounded World*, New York: Cambridge University Press, 2011.）まで、さまざまな立場が存在する。

(11) Norman Daniels, *Justice and Justification. Reflective Equilibrium in Theory and Practice*, Cambridge: Cambridge University Press, 1996; Burton Dreben, “On Rawls and Political Liberalism,” In Samuel Freeman, ed. *The Cambridge Companion to Rawls*, Cambridge: Cambridge University Press, 2003.

(12) Gerald Doppelt, “Rawls’ System of Justice: A Critique from the Left,” *Noûs* 15 (2), 1981, pp.259-307; Alan Thomas, *Republic of Equals: Predistribution and Property-Owning Democracy*, New York: Oxford University Press, 2017; 宮本雅也『関係論的平等主義の方法と責任構想――社会構造の焦点化を通じて』早稲田大学大学院政治学研究科博士論文、二〇二一年。

(13) Hillel Steiner, *An Essay on Rights*, Oxford: Blackwell, 1994.

(14) Ian Cater, *A Measure of Freedom*, New York: Oxford University Press, 1999.

(15) Gerald A. Cohen, *Rescuing Justice and Equality*, Cambridge, MA: Harvard University Press, 2008.

(16) Kasper Lippert-Rasmussen, *Luck Egalitarianism*, London: Bloomsbury, 2016; *Relational Egalitarianism: Living as Equals*, Cambridge: Cambridge University Press, 2018.

思想史家としてのジョン・ロールズ

――政治哲学者による政治思想史をどう受けとめるか？

犬塚　元

ロールズを題材にして「政治思想史と政治哲学の現在地点」というテーマを考えるにあたって、私は、政治哲学者ロールズの政治思想史に光を当てるアプローチを採りたいと思います。政治哲学者ロールズの政治思想史の語りは、どのように評価できるのか。どう受けとめればいいのか。まず、前置きとして政治思想史というディシプリンの現状を短くお話ししたうえで、ロールズの政治思想史研究を概観し、そののちに、政治思想史と政治哲学という二つのディシプリンの関係を考えます。

政治思想史研究の現在時点

おおよそ二〇世紀の前半ぐらいまでは、古典を読みながら政治を語る、政治思想史研究こそが、洋の東西を問わず、政治学の王道でした。ところが、そうした古典読解を通じた現代語りに対しては、その後の学問の専門化のなかで、「いい加減なことはやめろ」という厳しい批判が、政治学の側からも、思想史の側からも起きます。政治思想史は、アイデンティティ・クライシスに陥ります。

よく知られているように、これに対する応答として、歴史学の方向に舵を振る動向が生じます。Q・スキナーら、「ケンブリッジ学派」と呼ばれるグループが牽引した動向です。過去のテキストを読むにあたっては、まずなにより過去の再現をめざし、原著者の意図を解明すべきである。現代のテーマについて論じるために過去のテキストを読もうとすると、読み手の問題関心や枠組みを過去に投影することになり、テキストを恣意的に読むアナクロニズム（時代錯誤）に陥る。スキナーはこのように主張したうえで、テキストの歴史的読解のためには、過去のテキストがどんな「言語的コンテキスト」を前提していたかを解明しなければならない、という形で思想史方法論を提示しました[1]。

ところが、欧米でも日本でも、反発が生じます。

それではこの学問の良いところがすべて失われてしまう、訓詁学になってしまう、われわれの使命は、過去の知的伝統をふまえて現代の政治について思想的・哲学的に語ることだ。こんな反発です。これ以後しばらくは、この学問では「方法論」を語ることが流行しました。「方法論」は本来、学問のhowを問うはずですが、「政治思想史の方法論」の名の下にさかんに語られたのは、実際には、学問のwhyを語るアイデンティティ探しでした。

この「ケンブリッジ学派」の学説史的位置づけには、誤解が多いので注意が必要です。日本の政治思想史業界では、以上の動向は「歴史か理論か」「コンテキストかテキストか」を争う論争として理解されることが一般的で、「ケンブリッジ学派」は政治思想史研究を実証主義に貶めてしまったとの捉え方も珍しくありませんでした。しかしこれは誤りです。スキナーの方法論は、ヴィトゲンシュタイン派（反実証主義）と実証主義のあいだでなされた当時の社会科学方法論論争をふまえて、（反実証主義とは別様の）非実証主義の研究手法を模索するものでした。実証主義の因果説明のように「原因」（動機）ではなく「意図」に注目して、行為や言語行為を（「解釈」でなく）「説明」する。そうした「非因果的な説明」こそが、スキナーのめざした学問手法です。「ケンブリッジ学派」の思想史方法論は、実証主義でなく、むしろポスト実証主義を意図する学問方法論だったのです。[2]

しかし、いずれにせよ、これは禁欲的な歴史研究をめざす路線ですから、それに飽き足らない研究者がディシプリンから離脱していくのは自明でした。「政治哲学」や「政治理論」が「政治思想史」から分離していきます。ロールズは、まさしくこの新しい「政治哲学」の出発点に位置づけられる人物です。日本では、この分離はこの一五年ほどのあいだに顕著で、最初にお話しになった井上彰さんが、日本における純然たる「政治哲学」ディシプリンの第一世代ということになるはずです。

政治哲学者ロールズの政治思想史

こうした政治思想史の状況をふまえたうえで、ロールズの政治思想史を読んでみましょう。

ロールズ生誕一〇〇年、『正義論』公刊五〇年にあたる二〇二一年、ある海外の学術雑誌は、「歴史的なロールズ」という特集を組みました。[3] これは、ハーバード大学ほかで公開されたアーカイブ資料を本格的に活用した特集です。近年では、ロールズを歴史研究・思想史研究の対象として捉え直す動向が顕著で、「ロールズインダストリー」の「最新部門」などとも言われています。[4] この動向のなかでは（いささかややこしいですが）ロールズ自身が思想史や歴史をどう論じたか、というテーマにも注目が高まっています。ロールズの思想史講義の一部は、すでに『政治哲学史講義』や『道徳哲学史講義』（邦題は『哲学史講義』）として公刊されていますが、アーカイブには未公刊資料がたくさんあり、それらをふまえた研究がこの一〇年でいくつも登場してきています。

哲学者による思想史講義だから、スタンダードなストーリーをなぞっているだけだろう。そんな思いこみは、見事に打ち砕かれます。ホッブズは社会契約によって「万人の万人に対する闘争」を脱したという類いの、教科書的な説明がなされるわけではありません。また、テキストの好きなところだけを拾い読みしているわけでもありません。ロールズはテキストを非常に丁寧に、緻密に読み、原著の論述順に即してテキストを読み解いていきます。私自身は衝撃を感じたほどの、徹底ぶりです。先行研究も概してよく読んでいます。

さらに、それだけではなく、ロールズは、自らの政治哲学史の講義で、わざわざ何度も、R・G・コリングウッドの方針に倣うと謳います。[5] 思想史研究でコリングウッドの名前が出てきたら、それは「歴史研究に徹する」という宣言です（スキナーは「ケンブリッジ学派」の方法を、「政治思想史へのコリングウッド的アプローチ」と呼んでいます）。歴史を超えた普遍的な問題などは存在せず、それぞれの時代にそれぞれの問題があり、それこそが思想史研究者の分析対象である。乱暴に整理すれば、これがコリングウッドの歴史主義の立場です。

しかし、そうした歴史学的な態度を基本にしながらも、他方でロールズは、自分自身の概念や理論枠組みをふんだんに活用して読みを示したり、評価を下したりしています。自分の問題関心、自分の規範理論をあくまでも手元に置いて、それと対照しながらテキストを読んでいるわけです。[6]

ロールズの思想史読解の特徴として、もう一つ指摘できるのは、異質な思想や構想からも学ぶことができるという方法的態度です。『政治哲学史講義』は、社会契約論の系譜、功利主義の系譜、社会主義の系譜という見取り図で、ヨーロッパ政治思想史を整理しますが、ロールズは、これらを大きな一つのファミリーと見ています。いずれも基本的な政治的価値を共有しており、ただ重みづけが違うだけだから、功利主義や社会主義の系譜からも学ぶところがあるというのです。[7]

ロールズのテキスト解釈

ロールズの具体的な読みについて、ポイントを絞っていくつかの特徴をお示しします。

ホッブズ、ロックに関しては、よく知られた研究書を参照しながら、概してオーソドックスな思想史理解を示していますが、ただし、それを自らのテクニカルタームを用いて語る点がユニークです。rational と reasonable の違いは、ロールズがこだわるポイントの一つで、乱暴に整理すれば、rational は自己利益を追求すること、reasonable は他者との共存をめざすことに関わるテクニカルタームです。ロールズはこの術語を使い、rational から reasonable を導いた思想家としてホッブズを位置づけます。[8] 利己的人間が共存のしくみをつくる。ホッブズの社会契約論のエッセンスをそのように表現することが可能ですが、ロールズはそれを自分のターミノロジーで語るわけです。ロールズは「無知のヴェール」をもちだして、ロックの所有権論を吟味します[9]。

他方で、ルソー解釈はとてもユニークです。ロールズのルソーは、リベラルな思想家なのです。良いタイプの利己心をもつ個人から、正義にかなう政治共同体をつくる。ロールズはそうした課題をルソーの政治思想にも見出しており、利己心をあれだけ敵視したルソーも、ホッブズと同じようにrationalな人間を出発点にしたというのです。ロールズ本人も、この解釈の特異性を自覚しています[10]。

さらにユニークなのは一般意志をめぐる解釈です。ルソーの論じた一般意志は、魅力的ではあるものの、曖昧で分かりにくく危うさも秘めた概念で、解釈者泣かせで知られます。ロールズはそのルソーの一般意志を、共通善をめざす「熟議的・熟慮的理性」という市民の能力として読解し、さらに、自らの論じる「公共的理性」の源流と位置づけます[11]。全体主義であるとの解釈をも生み出してきたルソーの危うい要素は、そのほか、「立法者」や「自由への強制」についても、ことごとく無害化されています[12]。

政治思想史と政治哲学――ライヴァルか、パートナーか

政治哲学者ロールズは、このように、一方では、歴史的なテキスト読解を掲げて、丁寧かつ緻密にテキストを読み、拾い読みの悪弊を免れていますが、他方では、自分のヴィジョンを準拠枠にして過去のテキストを読解する傾向にあります。政治哲学者によるこうした政治思想史の語りをどう評価し

たらよいのでしょうか。
スタンリー・フィッシュの「解釈共同体」をもちだすまでもなく、テキストには、多様な読みが可能です。[13] さまざまな解釈共同体があり、それぞれの目的、それぞれの前提、それぞれのパラダイムのなかで、テキストの解釈がなされます。ここで考えねばならないのは、では、解釈が衝突する場合はどうするかという問題です。

この点について手引きとしたいのは、エイドリアン・ブローが二〇二〇年にＡＪＰＳに発表した、「現代的目的のために政治思想史をどう使うか（使わないか）」という論文です。[14] これは、現代的イシューについて語るとき、過去の政治思想史のテキストのどんな活用法があるか、活用ではどんな失敗に陥りがちか、を正面から考察した論考です。

過去のテキストの「妥当性のある読解」だけでなく、（歴史的な読みとしては疑問もある）「現代に適用させた読み」も、（歴史的な読みとしては間違った）「誤読」も、現代を語る議論では活用できるし、実り豊かな結論を導くことができる。ブローは、古典と現代のこうした関係を正面から受けとめます。しかし、そのうえで彼は、「妥当性のある読解」にもとづいて議論すれば、「誤読」にもとづくよりも議論が豊かになることを、具体例をいくつも挙げながら指摘します。だから、思想史研究者とコラボレーションするメリットはある、というのです。私たちの議論の言葉に置き換えるならば、政治哲学者は、歴史的に正しいかどうかにかかわらず政治思想史を語り、それを通じて自らの政治哲学を語りうるが、しかし、政治哲学者の議論をさらに補強・改善するポテンシャルをもつのは、思想史研究者の解釈共同体において「正しい」とされる読みである、というのです。

注目されるのは、ブローが論文末尾で、思想史研究者に向けた警告です。古典テキストを「略奪」しているといって、政治哲学・政治理論・政治科学の研究者に「軽蔑」を向ける姿勢では、とても協働は成り立たない、というのです(15)。

確かに、解釈共同体の多元性をふまえるならば、政治思想史から政治哲学に「その古典の読みは正しくない」と批判を向けるだけでは、不毛でしょう。では、どうしたらよいでしょうか。「正しくない」という指摘には限定や条件を付すべきでしょう。「面白い読みですが、それは「歴史的に見たら」正しい読みではありません」。自らが投じる批判に限定や条件を付す、こうした（reasonableな）方法的態度は、協働をめざすどんなディシプリンのあいだでも必要でしょう。互いのディシプリンに対する敬意こそが、コラボレーションの前提です。ロールズは、少なくとも、歴史的な思想史研究に敬意を払う政治哲学者でした。

注

（1）クェンティン・スキナー『思想史とはなにか——意味とコンテクスト』半澤孝麿・加藤節編訳、岩波書店、一九九〇年。

（2）犬塚元「ケンブリッジ学派以後の政治思想史方法論」『思想』一一四三号、二〇一九年。

（3）*Modern Intellectual History*, 18(4), 2021.

（4）Katrina Forrester, Response, *H-Diplo ROUNDTABLE XXI-24*, 2020, p. 22.

（5）John Rawls, *Lectures on the History of Political Philosophy*, edited by Samuel Freeman, Belknap Press of Harvard University Press, 2007, pp. xiii, 103, 155（『ロールズ政治哲学史講義』齋藤純一ほか訳、岩波現代文庫、二〇二〇年、I、xii、二〇二、三一八頁）。ロールズは、プリンストン高等研究所に同時期に在籍したスキナーを経由してコリングウッドを知った可能性がある。Teresa M. Bejan, Rawls's Teaching and the "Tradition" of Political

Philosophy. *Modern Intellectual History*, 18(4), 2021, p. 1075.

（6）Richard Whatmore, *History of Political Thought: A Very Short Introduction*, Oxford University Press, 2022, pp. 53-58 は、この側面を強調してロールズの政治思想史を理解する。

（7）Andrius Gališanka, *John Rawls: The Path to a Theory of Justice*, Harvard University Press, 2019, pp. 154-156.

（8）*Lectures*, pp. 54-68（一〇七―一三四頁）。

（9）*Lectures*, p. 139（二八四頁）。

（10）*Lectures*, p. 199（四〇一頁）。 Jeffrey Bercuson, *John Rawls and the History of Political Thought*, Routledge, 2014 は、カントだけでなくルソーやヘーゲルからの影響をロールズに認めたうえで、ルソーやヘーゲルをめぐるロールズの解釈の特異性を示している。

（11）*Lectures*, pp. 223-231（四四八―四六四頁）。

（12）*Lectures*, pp. 237-244（四七六―四八九頁）。

（13）スタンリー・フィッシュ『このクラスにテクストはありますか』小林昌夫訳、みすず書房、一九九二年。

（14）Adrian Blau, How (not) to use history of political thought for contemporary purposes, *American Journal of Political Science*, 65(2), 2020.

（15）*Ibid.*, p.11. ブローはR・タックやJ・ダンを批判している。

◆パネルディスカッション

井上　彰
×
犬塚　元
×
宇野重規
×
加藤　晋

概念分析は政治哲学の占有物か

宇野　井上さん、犬塚さん、報告をありがとうございます。私は自分の専門分野としていつも政治思想史と政治哲学を併記しています。しかしながら、この両者が必ずしも相性のいいものではなく、時に厳しい緊張関係に立つということは、今日のお二人のお話からも明らかであろうかと思います。

私は今年の演習で、ロールズの『政治哲学史講義』を院生と一緒に読みました。犬塚さんがおっしゃったように、ルソーについての一般意志を公共的理性として読むというやや強引な分析もありますが、この本でロールズは功利主義者としてのジョン・スチュアート・ミルを、懸命に自分の陣営に取り込もうとして読んでいるようにも思えます。そのようなロールズによる政治思想家の分析を通じて、ロールズ自身が「ここが大切だ」と思っているポイントが明らかになるように感じました。

私自身は、このようなロールズの取り組みが示すように、概念分析を通じた政治哲学研究と古典的テクストによる政治思想史研究は有機的に結びつきうるし、両方を結びつけることによって新しい地平を開くことが可能であると考えています。

もちろんこれは両者の違いを曖昧化することではなく、むしろ違いを先鋭化させ、緊張感を維持しながら、その上で両者を結びつけていくことが課題になります。そのような意味で、今日の両先生のご報告は私にとって大変刺激的でしたし、考えさせられる点がたくさんありました。

加藤　宇野さん、ありがとうございます。それでは、犬塚さんと井上さんがお互いの報告に対してどのような感想を持ったかというところから議論を始めましょう。まず犬塚さんからお願いいたします。

犬塚　井上さんのご報告をとても面白く聞きましたが、せっかくの機会なので、プロレスとなるようなコメントをしたいと思います。

井上さんの発表は概念分析にフォーカスしたもので、そのなかでは、『正義論』では概念分析はなくなっていない、後期ロールズでは概念分析が弱くなり思想史的なアプローチが前面に出てきた、などのご指摘がありました。ここには、概念分析と思想史的アプローチがトレードオフで、どちらかが増えたらどちらかが減るという構図もあるようですが、しかし思想史屋からいうと、思想史研究でも概念分析はなされているのではないかと思うのです。

概念分析はそんなに分析的政治哲学の占有物なのでしょうか。用法や意味を特定したり、条件や背景を明らかにしたりするのは、過去の思想を分析する際も必ず行なうことなので、思想史研究でもなされていると言えます。そう考えると、思想史分析のなかにも概念分析はあると思うのです。ところが井上さんのお話ですと、分析的政治哲学のコアの一つとして概念分析が位置づけられるということでした。政治哲学の概念分析は、文芸批評や思想史研究などの分野で行なわれている概念分析とは何か違う特質があるのかどうか、もう少しお話を聞きたいと思いました。

井上　まず、後期ロールズにおいて概念分析のウエイトが小さくなって思想史に寄っていったというような言い方はトレードオフを前提にしていないか、というご質問については、私もやや雑な言い方をしてしまったと思います。間違いなくトレードオフではありません。トレードオフではないけれども、後期ロールズの代表作である『政治的リベラリズム』を読むと、思想史的な知見をふんだんに使う色彩が強まっている、かたや、ロールズは同書で丁寧に概念を解明的に定義して議論しているかというとそうではない。それこそ初期の作品や『正義論』と比べると、概念分析の部分は弱いと思います。

それから犬塚さんがおっしゃるように、政治思想史でも文芸批評でも概念分析をします。そうでないと、それこそ床屋談議になってしまいます。ただ、政治哲学において概念分析がなぜそこまで重視されてきたのかというと、それこそ人間の思いが先走って世のなかをひっくり返すみたいなことも実際にしてきたわけですから、世のなかを正すために使う規範的概念についてはやはり慎重に取り扱わなければならないからです。だからこそ丁寧に概念を解明する仕方で定義していくという伝統が政治哲学にはあるし、それは特別な意味を持っていると思います。

たとえばデモクラシー一つをとっても、認識的デモクラシーや熟議デモクラシーなど、デモクラシー論には進展があります。そういったなかで現代の政治哲学は、デモクラシーの概念分析をしていかないと齟齬や食い違いがすぐに起きてしまうわけです。

では、思想史家がそれに対してどのような見立てをしているかというと、犬塚さんが紹介してくださったエイドリアン・ブロー（Adrian Blau）は、古典に関しては大変精緻な分析をしています。テキストを参照し、同時代人の言説などをふまえて、インテンションの捉え方からしていろいろ丁寧に議論しているわけです。

ところがそうした思想史研究も現代の議論、たとえばロールズが扱っている分配的正義論やデモクラシー論、あるいは権力分立論になるとカリカチュアしてしまうところがある。なぜそういったことが起こってしまうのかというと、卑俗なレベルでいえば、現代になると研究が膨大なのでとても専門外のことまで追いきれないという問題があるのだと思います。

犬塚さんが発表でおっしゃったようなコラボレーションを進める前の段階で、たとえば私であればデモクラシーや正義に関して概念分析を慎重に遂行すべきだと真っ先に考えるわけです。しかし政治思想史の研究者に対して、それをそのまま「こういうことなのですよ」と提示したところで生産的な議論になるかどうかは、正直よく分からないところがあります。同じ概念分析でも違うことをやっているという可能性がある以上、それぞれの業界では概念分析を丁寧にしているとみなされているとしても、すれ違いが起きる可能性があると思います。それにどのように対応すべきなのかという問題提起から議論を始めたいのですが、いかがでしょうか。

犬塚　放送大学のテキスト『現実と向き合う政治理論』に収められている、「概念分析」をめぐる井上さんの解説を素材にして、さらに概念分析について掘り下げてみたいと思います[1]。

このなかで井上さんは、分析的政治哲学における概念分析について説明しています。私なりに乱暴に整理すると、ここでは、文脈主義からの批判に応答しながら概念分析の説明がなされていきます。概念分析というけれども、政治概念の内実は思想家や時代によって違うのだから、概念の定義を一義的・普遍的に確立できないのではないか（時と場所を越えた定義が可能であっても、乏しい意味内容しかもたないのではないか）という文脈主義からの批判に対して、井上さんは、文脈主義を前提にしても概念分析は有効であるし、普遍的に定義して概念が薄くなってもそれは規範的意義の乏しさを意味するわけではないと応答なさっています。この論文はそののち、もう一つ、記述的記述に徹してしまって価値の問題がなくなってしまっているという批判も退けています。

この論考は、少なくとも私が思想史家の方法だと考えている概念分析と、政治哲学の概念分析はやはり何か違うのではないかと示唆しているように思われます。どちらも概念の濫用に対して非常に警戒的で、厳密に概念の意味内容を押さえていこうという姿勢は共通しています。しかし思想史では、やはり、あくまで文脈主義的な概念分析が中心となります。ある思想家において、ある時代において、ある地域において、この概念はこのように使われていた。そんな具合に概念の歴史的定義を確定していくのが思想史家の仕事であると私は考えています。井上さんは、概念分析はそれに尽きないところがあるとおっしゃるのだけれど、本当にそんな普遍的な定義を持ってこられるのかと問い直すのが、思想史家のそもそもの仕事なのではないかとも考えています。

以上をふまえて、政治哲学は何を拠りどころにして概念分析を行なうのかという点をお尋ねしたいと考えています。概念の意味内容の正誤はどんな基準で判定されるのでしょうか。概念分析について概念分析して、その点を明らかにしない限り、らちが明かないのではないでしょうか。この点、思想史家の場合は、はっきりしています。残されたテキスト、そして同時代の言語的コンテキストを拠りどころにする。要するに、基準になるテキスト群がある程度はっきりしているわけです。それらを証拠にして、この概念はこういう意味で使われていたと確定していくわけです。

　ところが、政治哲学における概念分析は、結局のところ何を参照基準にしているのかが、どうもはっきりしないような気がしました。先に言及したご論考の説明のなかでは、「言語的直観」という言葉が出てきました。私たちが言語的直観として持っている概念の定義を記述して、所与として与えられているものを明確にしていくということなのか。それとも、今、流通している意味とは別のところに、望ましい概念の定義があって、それを明らかにしていくのか。歴史的相対化が職業病になってしまっている思想史研究者としては、こうした点がどうしても気になってしまいます。

政治哲学の概念分析は一枚岩ではない

加藤　お二人の応答を聞いて感じるのは、政治哲学における概念分析の意味合いがはたして一枚岩なのかということです。これをふまえて、私の研究分野に関わる質問をしてみようと思います。アマルティア・セン（Amartya Sen）は政治哲学者としても知られていますが、もともと社会的選択理論という、数理経済学の分野で高い評価をえました。彼は、この分野で「権利」概念の必要条件を数学的に記述した上で、それが民主主義の条件と対立することを明らかにしました。これは「パレート・リベラルの決定不可能性」と呼ばれている問題です。[2]「権利」や「民主主義」のような概念に数学的表現を与えるという作業や、そこから演繹的操作を行なうという作業は、果たして概念分析の一部とみなされるべきなのか、そうではないのかということをお聞きできればと思います。

井上　犬塚さんから、非常に重要なご質問をいただきました。私が概念分析の方法的基準というものを示す形で議論していないというのはそのとおりだと思います。ただこれは加藤さんからのご質問にもあったように、政治哲学でもいろいろな人が多様な仕方で分析している、というのが実情です。

たとえばジェラルド・コーエン（Gerald Cohen）やヒレル・スタイナー（Hillel Steiner）は言語的直観をベースにして、道徳的直観とは切り離す形で概念分析を行なっている。けれども、政治哲学であれ道徳哲学であれ、価値に関わる概念を扱うような分野は、言語的直観と道徳的直観を簡単に切り離せるのかという問題もあります。スタイナーは両者の切り分けを示唆していますし、スタイナーの弟子であるイアン・カーター（Ian Carter）も、それをより洗練された仕方で、方法論的にもその切り分けを擁護するような形の議論を展開します。先ほど犬塚さんが言及してくださった論考は、私自身のオリジナリティはあまりなくて、このあたりの議論を私なりに整理したものでした。

彼らの議論はゴリゴリの言語的直観ベースで概念分析を行なうタイプの議論ですが、政治哲学における概念分析は、別にそういった人たちだけの専売特許ではありません。広く見れば、私が報告で示したように、ロールズだって概念分析を重視しているといえると思います。そういった概念分析の多様な形での実践は私自身、全然否定していません。だからこそ、あらゆる政治哲学上の概念が、普遍的に有意義な形でその意味内容を捉えるという想定に耐えうるものなのかどうかについても、私はオープンに考えています。

先ほど加藤さんが触れられた、センのパレート派リベラルの不可能性定理の場合、権利の必要条件というものは直観ベースで捉えられていると思います。ではセンは結局、何をやっているのかというのが重要になってくると思います。おそらく、「(リベラルな)権利」と「効率性」という二つの鍵概念の関係をその定理の証明によってきっちり示そう、というドライブは少なからずあったと思います。われわれが大事に思っている価値が両立しえないとなったら、それは大きな問題です。センにも、その問題意識は少なからずあったと思います。それは概念分析のモチーフと親近性があると思うのです。そういう意味でも、実は私は社会的選択理論の人たちとのコラボレーションはやりやすいんです。

では思想史家とはどうかというと、たとえば正義に関して、先ほど犬塚さんがおっしゃったような、当然ながら普遍的なものだとみなされがちだが、本当にそうなのかという疑問を突きつける作業を織り込んだ形で、一緒に論文を書けるかといわれると、すぐにはできない印象があります。私の場合、ある特定の問題意識やフレームワークを共有し、理論化や、理論化とまで行かなくても何かの問題に対する応答といった形を取らないと、コラボというものはなかなかできません。ではどういった形で思想史家とのコラボはできるのか、もしくはやるべきなのか。デモクラシーだと、相対化は不可避なのでコラボしやすいといえるかもしれません。しかし、さきほども申し上げたように、デモクラシー論も今日いろいろなレベルで進展があるので、デモクラシー概念を軸に何かできるのかといわれると、「うーん、できるかもしれないな」という程度の答えしか持ち合わせていません。この点についてはみなさんのご意見もぜひうかがいたいところです。

宇野　概念分析が一つのキーワードになっていますが、素朴に考えて、言葉の定義はもちろん重要です。定義によって正確に概念を見定め、そのようにきちんと確定された概念がなければコミュニケーションは不可能です。ただ、概念だけで意味がつくられるかというとそうではなくて、概念と同時にやはり文脈というものがセットになって初めて意味をなすわけです。

　私を含めて思想史をやってきた人間は、ある概念が時代の文脈によってのみ規定されているとは決して思っていません。西洋政治思想史の有利な点の一つに、基本的な用語がかなりの程度、一貫して使われてきていることがあります。歴史を超えて同じ言葉が使われてきたということは、そこに何らかの共通する概念があることが想定されます。その一方で、その言葉が具体的に何を意味するかということに関しては、それぞれの時代状況によって違ってくるわけであって、そのような時代の状況を押さえないと、その言葉の概念がどういう意味を持つかも違ってくる。場合によっては、その概念自身が途中で大きく変更されている場合すらあるかもしれない。

　いずれにせよ、文脈を重視するからといって、文脈だけが重要であって、概念を厳密に定義することに意味がないというわけでは決してありません。ただ、それでは、両者を最終的にどうつないでいくかといえば、それが非常に難しい。特に歴史的に過去の言説をどう理解していくかとなると、その手続きを意識的にせざるを得なくなってきます。この両者をどういう形で結びつけるのが学問的に見て適切なのかというところが、一つ大きなポイントであろうかと思います。

加藤さんのおっしゃったように、数学的な言語などは、ある意味でいうと文脈による変化が一番少なくて、いつでもどこでも誰もが同じように使用できる言葉の一つの典型例かと思います。逆に、本当に文脈によって全然違う意味で使われる言葉もある。おそらく政治学で使う重要な概念は、その中間のどこかにあるのだと思うのですが、その適切な扱い方はどういうものか。このことが大きな問題になると思います。井上さんの話にもありましたが、現代のデモクラシー論にもいろいろな文脈があって、だからこそ概念分析をしなければ混乱に陥ってしまうというのはまさにそのとおりです。過去まで入れるとさらにその混乱の度合いが増してきます。だからこそ、どうすれば議論を無意味にしないか、非生産的なものにしないかという工夫と手続きが重要になってくると思います。

犬塚　井上さんから概念分析といってもいろいろなやり方があるというお話を聞いて、私に少し誤解があったかもしれないと気づきました。私は概念分析を「記述」のための方法と考えていたのですが、必ずしもそうではないことがよく分かりました。規範を論じるためにどこを突破口にするか。その突破口に当たるのが井上さんにとっての概念分析なのかなと理解しています。言葉の定義を何より重視して議論を組み立てるという場合に、概念分析は必ずしも「記述」にはとどまらない。概念分析は、何か記述すべきものがあってそれを記述する、という役割を果たすだけではないという点を明らかにしていただいたので、議論がかみ合わなかった理由がはっきりしたという気がします。

コラボレーションについては、こんなふうに考えています。言語を媒介にする人間の思考や思想を分析対象にしているという点では、政治哲学も政治思想史も政治理論も共通しています。今回はそのなかで、歴史的なアプローチと哲学的なアプローチの違いにあえてフォーカスしているので、ともすれば、この両者がどうかみ合うのか、どう共存すべきなのかという形で議題が設定されてしまうのですが、少なくとも二つのことが言えるのではないでしょうか。

　一つは、境界線は実ははっきりしていないということです。私は歴史的アプローチを採っていますけれども、たとえばヒュームのテキストを消化するときには当然に理論的・哲学的に検討することが必要不可欠なので、理論的・哲学的な分析にも従事しているわけです。まずなにより、歴史的なアプローチと、哲学的なアプローチの境界線は非常にぼんやりしていて、混じり合っているということは指摘しておかないといけません。

　もう一つは、アプローチの違いは、良い・悪いとは対応していないということです。政治哲学で分析的に研究をしても、良い論文とそうでない論文があるのと同じように、歴史的・思想史的に研究しても、良い論文もそうでない論文もある。アプローチの違いと、良い・悪いの違いを重ねずに区別する視点は、ディシプリン間のつまらない「神々の闘争」を防ぐためにも絶対に必要でしょう。

概念分析はどこから生まれたか

宇野　概念分析という営みには、歴史的にマルクスとの対決という大きな文脈があるのではないかという気がします。たとえばロールズの『政治哲学史講義』も、マルクスがかなり大きな位置を占めているところが非常に面白いし、マルクスの解釈についても、いろいろな可能性のあることが指摘されています。一番極端なマルクス解釈、すなわち正義や法、権利はすべて下部構造たる経済構造の反映に過ぎないのであって、上部構造である正義をそれ自体として議論してもあまり意味がないという立場もあり得るだろうと指摘した上で、ロールズは、しかし実はそうでもないという形で、議論を展開します。むしろ、マルクスのなかにも正義の概念はあるのだと言うのです。そして、マルクスのなかにある正義の概念は何なのかということを追究する方向で議論を展開していって、これはこれでなかなか面白いと思いました。

一方で、加藤さんに教えていただいたジェラルド・コーエンの『自己所有権・自由・平等』[3]では、マルクス主義ばりばりだったコーエンが概念分析に出会い、自分のなかで学問観が変容したことを論じているところがたいへん刺激的でした。

本来マルクス主義は、概念分析などしたがらなかったわけです。そんなことをやってもしょうがないという立場だった。そんなマルクス主義者も、現在では概念分析の必要性を感じている。平等という問題も、それをきちんと概念分析しないとマルクス主義はもはや成り立たないのだという議論があるわけですね。これは非常に面白いと思います。

ロールズはロールズでマルクスの方に接近しようとするし、マルクス主義者はマルクス主義者で、ある種の分析哲学的な議論に取り入れていこうとしている。いずれにしても私は、マルクス主義とどう対決するかということが、実はこの概念分析の裏テーマのなかに一つあるのかなという気がしました。

加藤　概念分析の最も初期というと、オックスフォード言語学派の前に論理実証主義があったわけですが、そのときは明らかにマルクス主義を排除するという目的もあったように思います。科学的に意味のない価値を含んでいるものとしてマルクス主義を排除するために、最もエッジの効いた形の概念分析が始まったと理解できます。とはいえ、論理実証主義のもとだと価値があまりにも排除されてしまうということで、より柔軟とも言えるオックスフォード言語学派が生まれ、倫理や価値が分析しやすくなりました。ロールズもこの影響を受けているわけです。

　脱線ではありますが、分析哲学の枠組みを広げたことにより、コーエンなどの新しい世代のマルクス主義者たちが、今度は自分たちの道具として概念分析を使ってマルクス主義を洗練化することを試みたわけです。これは、すごくエキサイティングですね。マルクス主義と概念分析は、すごく面白い関係にあるように思います。

　私は思想史、あるいは現代の政治哲学をまとめられるようなアプローチを想像したときに、ふとアイザイア・バーリン（Isaiah Berlin）を思い出しました(4)。バーリンの二つの自由概念は、思想史的でありながら、かつ理論的であるというか、その間にいるような代表例なのではないでしょうか。彼はこれまでの思想史家を振り返りながら、自由概念がどのように記述されてきたのかというところから消極的自由と積極的自由の二つを抽出していくわけです。

　そしてその消極的自由を、七〇年になったらアマルティア・センが「権利」概念として数理化しましたし、スタイナーなどが違った意味でエッジの効いた形で洗練化させていきました。そう考えると、自由という概念を発達させていくという、それ自体が歴史的なプロセスであるときに、どのプロセスでどういうタイプの概念分析が必要かという役割分担を考えるような議論があってもいいかもしれません。

宇野　とても面白くなってきましたね。井上さんから政治哲学の概念分析が一枚岩でないという話がありましたが、そもそも思想史の方だって全然一枚岩ではないわけです。しかも思想史は昔からあるというイメージがあるけれども、これも誤解であって、思想史は歴史的な産物で、そんなに昔からあるわけで決してありません。

思想史の方法論な出発点には、一方で、観念が歴史のなかで自己展開していくというヘーゲル主義的な歴史哲学に対する反発があります。思想史は生まれた時点において、どこかヘーゲル主義との対抗があったわけです。そして他方で、先ほどいったようなマルクス主義への対抗があった。つまり、ヘーゲル的なごりごりの歴史哲学と、マルクス主義的な下部構造決定論の中間にあって、思想史という学問的営みが生まれてきたわけです。

だから、カール・マンハイム（Karl Mannheim）の知識社会学などが丸山眞男にとっても非常に大きなインスピレーションの源になったわけです。マンハイムや丸山は、ヘーゲル的な歴史哲学と対抗しつつ、社会学的なイデオロギー分析を導入することによって、思想史を一つの自立した学として形成しようと努力したのだと思います。そういう模索がどれだけうまくいっていたのかというのは、今日から考えてみるとかなり問い直すべきところはあります。だから、今日の思想史でも、なんらかの概念の発展を前提として、たとえば、民主主義の発展を前提として議論を組み立てる研究者はいまだにいると思いますし、逆に、その種の概念の発展図式を一切排除して、どの時点で誰が、誰を相手に、何を言ったかということだけに議論を限定したいというタイプの議論の人もいます。ですから思想史といっても、実をいうとバラエティがかなりあるわけです。

そういう意味で、思想史VS.概念分析と単純化できるものではないのでしょうね。加藤さんがおっしゃったように、概念分析自身も動いている。一番ごりごりのマルクス主義に対抗する形で概念分析は出発したのが、概念分析の枠が広がることで、そこにマルクス主義者が乱入してきて、今、乱世になっているという加藤さんのまとめは非常に面白かったです。

こうして見ると、概念分析のなかでも本当にごりごりの言語直観主義的な人もいるのかもしれませんけれども、もう少し幅の広い人たちがいろいろいそうです。思想史と概念分析で微妙に重なる部分の人たちもいるのだろうという感じがします。

とはいえ、やはりごりごりの人がいた方が話は面白い気はするので、私はごりごり同士の対決も決して嫌いではありません。ごりごりとごりごりがぶつかって、まったく話がかみ合わないのかというのも、それはそれで学問的には面白い。ただ反面において、どこかで近づいてくるところで何か新しい可能性なり、逆にハレーションが起きてくることもある。どちらも含めて学問が面白くなってくれればそれでいいと思います。

ただ私は、概念分析が今この時代に強い力を持つようになったことには、歴史的な必然性があるのだろうと考えています。一九八〇年代はポストモダンの時代で、すべての解釈はすべて誤解に他ならないし、それでいいという考えもありました。しかし今日では、本当にしゃれにならないぐらい、世界で誤解が蔓延してバラバラになっている。逆に、どこかでつなぎ合わせないと、どうにも議論が前に進まないことを実感します。それぞれの人たちが、自分はこの言葉をこう使っているのだという歴史的な文脈を延々と言っても、それだけだとやはりらちが明かない。どこかで結びつけていかねばならないというときに、概念分析というものが要請されているという事情があるのではないか。そうしないと、本当に議論がもう成り立たないという危機感があるはずです。井上さんがおっしゃったように、このままいくと本当にバラバラになってしまってどうにもならないという、ひりひりするような感覚があると思うのです。

私の感覚としては、思想史の方がばらけつつあって、もはやヘーゲルへの対抗と言っても盛り上がらないし、マルクスへの対抗意識も最近は希薄になってしまった。そういうことを考えてみると、バーリンの例はとてもいいですね。確かにバーリンは両者のどちらにも通じる部分があって面白いと思います。概念分析と思想史がコラボして、近距離でぶつかり合うにはうってつけかもしれません。

注

（1）井上彰「概念分析」、山岡龍一・大澤津編『現実と向き合う政治理論』放送大学教育振興会、二〇二二年。

（2）アマルティア・セン『合理的な愚か者——経済学＝倫理学探究』大庭健・川本隆史訳、勁草書房、一九八九年。

（3）ジェラルド・コーエン『自己所有権・自由・平等』松井暁・中村宗之訳、青木書店、二〇〇五年。

（4）アイザイア・バーリン『自由論〔新装版〕』小川晃一・福田歓一・小池銈・生松敬三共訳、みすず書房、二〇〇〇年。

第２回
リバタリアニズムの可能性

リバタリアニズムの思想や哲学について、はたしてその意義や射程は日本においてどの程度、理解されているのでしょうか。この言葉はしばしば「自由至上主義」などと訳されますが、個人の自由を過激なまでに重視して、国家や政府の役割を極限まで限定しようとする立場として理解されることも多いようです。

リバタリアニズムが、個人の不可侵な自由や権利に基づく道徳理論であることは間違いありません。リバタリアニズムには確かに、個人の所有権を強調するあまり、平等や寛容といった考え方と対立する傾向があります。しかしながらこのような右派リバタリアニズムと対抗し、むしろ平等な権利を重視する左派リバタリアニズムの立場が存在することも忘れるわけにはいきません。一九世紀においてリバタリアニズムとは、社会主義やアナーキズムとも近い思想を意味したのです。現代でも左派リバタリアニズムは、ベーシックインカム論を提唱しています。

現代リバタリアニズムにとって重要なロバート・ノージックは、ロールズを批判して『アナーキー・国家・ユートピア』を執筆しましたが、そこで強調されたのがジョン・ロックでした。その意味では、現代リベラリズムとリバタリアニズムは、共にロックを参照していることになります。必然的にロック解釈が大きな争点となります。

また、ロックの自然権や所有権の理論は現在、「自己所有権」の理論としてリバタリアニズムの最重要論点の一つになっていますが、リバタリアニズムが提起する問題がそれに尽きるわけではありません。しばしば「ナッジ」が話題になるリバタリアン・パターナリズムも、その一つです。

第2回ではあえて、リバタリアニズムの持つ可能性について幅広い視角から論じてみたいと思います。

リバタリアニズムは特定の道徳理論からよりも、ある種の価値観から出ている

森村　進

はじめに――リバタリアニズムの三つの論拠？

かなり前になりますが、私は『自由はどこまで可能か』[1]という本で、リバタリアニズムの論拠として自然権論と帰結主義と契約論という三つの議論を挙げました。最近のリバタリアニズムの議論は、特にそのなかでも帰結主義の考慮が非常に強くなってきて、ロック＝ノージック的な自然権論に基づく議論が少なくなってきたように見えるのは、私にとっては少し残念なことです。

さて私はそういう三つの論拠を挙げたわけですが、今思うと、それぞれの前提となるような権利や帰結、あるいは契約の合理性に関する見解によって、これらの論拠からリバタリアニズム以外の思想に至ることもあるでしょう。

たとえば、自然権である基本的自由のなかから、経済的な自由と私有財産権を除去してしまうならば、ロールズ風のリベラリズムに至るかもしれません。あるいは、帰結主義をとり、市民の平等主義的連帯を社会が目指すべき状態とみなしても、そうなるかもしれません。あるいは、社会契約に参加

する仮想的な参加者が期待効用の選好について、皆ミニマックス原理を採用すると考えても、ロールズ風のリベラリズムになるかもしれません。あるいは、自然権論のなかでも各人が自分の属する伝統を継承するような基本的権利を持つと考えるとナショナリズムが正当化されるかもしれません。あるいは、いかなる望ましい社会の状態も何らかの民族的価値に根ざしているはずだ、あるいは、真っ当な人なら誰もがそういう民族的価値を体現しているはずだ、体得しているはずだ、と考えると、理想的社会契約を結んでも、その帰結はナショナリズムになるかもしれません。

今挙げた例からも分かるように、自然権論も帰結主義も契約論も、どれもかなり抽象的な理論あるいは議論や推論の方法です。したがってそこにどのような内容を盛り込むかによって、実践的な結果、結論はまったく違ってくるかもしれません。

政治思想を導き出すための六つの価値観――『社会はなぜ左と右にわかれるのか』から

だからといって私は、このような三つの理論がどんな結論にも至り得るとまで主張するつもりはありません。たとえば自然権論ならば、どうしたって個々人に侵害することができない基本権があるという発想から出てきますから、典型的な全体主義とは結びつかないでしょう。あるいは帰結主義を取るならば、結果から独立した公的な意思決定自体に価値があるというようなタイプの、たとえば民主的な参加それ自体に価値があるというような考え方は、簡単には出てこないように思います。あるいは、契約論を取るとしても、人々が現実に持っている道徳的な信念から大きく離れた結論には至らないでしょう。そういうわけで、私が最小限言いたいのは、これらの抽象的な理論からリバタリアニズムや保守主義といった政治思想を導き出すためには、もっと実質的な価値観が必要だということです。

　そういう価値観を抽出するものとして、非常に面白く啓発された本が、アメリカの心理学者ジョナサン・ハイトが書いた『社会はなぜ左と右にわかれるのか』[2]です。ハイトはこの本で、われわれの道徳判断の基礎に六つのペアがあるといいます。それは、「ケア／危害」「自由／抑圧」「公正／欺瞞」「忠誠／背信」「権威／転覆」「神聖／堕落」というものです。道徳判断がこれらの基盤から成るのは、ちょうど味覚が甘さや辛さといった基本的な要素から成るようなものだとハイトはいいます。これらの価値基準の詳細はハイトの本を読んでいただきたいと思いますが、この報告の必要上、私の理解によって簡単に整理してみます。（四四頁の図も参照）

　まず「ケア／危害」という道徳基盤です。これは子どものような弱い者を保護するという課題に適するために発達したのだといわれます。それに関する性質は、親切や仁愛、介護といったものです。この特色は、苦痛や残酷さに対して敏感であるということです。

　次の道徳基盤は「自由／抑圧」というペアです。これは暴君やいじめっ子の支配に対する対抗として生じたといわれています。それが関連する性質は、非支配（non-dominion）、自尊心というもので、主要な特色としては、後から出てくる「権威」という道徳基盤と対立するということがあります。

　三番目は「公正／欺瞞」です。これは相互協力からの恩恵を確保するという課題のために生じたといわれます。ここで関連する性質は、たとえば公正（fairness）、功績（merit）、あるいは信頼性といったものです。この特色は、ただ乗りやズルを嫌うという特徴として現れます。

ジョナサン・ハイト『社会はなぜ左と右にわかれるのか』による六つの「道徳基盤（Moral Foundation）」

道徳基盤	適用課題	関連する性質	その他の主要特徴
〈ケア／危害〉	子どもの保護	親切、仁愛、介護	苦痛・残酷さに敏感
〈自由／抑圧〉	威張り屋の支配への対抗	非支配、自尊心	〈権威〉と対立する
〈公正／欺瞞〉	相互協力からの恩恵	公正、功績、信頼性	ただ乗りやズルを嫌う
〈忠誠／背信〉	集団の維持	忠誠、愛国心、自己犠牲	例：ナショナリズム
〈権威／転覆〉	階層秩序の維持	服従、敬意、孝悌	〈自由〉と対立する
〈神聖／堕落〉	汚染の回避	節制、貞節、信仰、清浄	例：宗教、新奇嫌い

四番目は「忠誠／背信」です。これは集団の維持という課題のために生じたといわれます。これに関連する性質は、忠誠（loyalty）、愛国心（patriotism）、自己犠牲といったものです。この典型的な例がナショナリズムです。

五番目の基盤は「権威／転覆」です。これは階層秩序（hierarchy）を維持するという課題のために発展したといわれます。関連する性質は服従や敬意、それから、少し難しい字ですけれども孝悌、そして長幼の序といったものです。これは自由という道徳基盤と対立するといわれます。

最後の六番目が「神聖／堕落」です。これは自然界にたくさん存在する有害な汚染を回避するという課題から生じたといわれます。ここから出てくる性質は、節制や貞節、信仰、清浄対汚れというものだそうです。その例としては、宗教心が強いことや新奇なものが嫌いだということが挙げられます。

この分類は改善の余地があるのかもしれません。しかしハイトは一〇年にわたる心理学の研究の結果としてこの六分法に至ったと書いてありますから、心理学者でない私としては、取りあえず受け入れておきたいと思います。

保守主義、リベラル、リバタリアンと六つの価値基準

ハイトはさらに、保守主義、リベラル、リバタリアンという三つの政治思想のタイプを、これらの価値基準と次のように結びつけて説明します。ハイトによると、保守主義者はこれら六つの基盤のすべてに依存している。リベラルは、「ケア」と「自由」と「公正」、特に最初の「ケア」を重視するけれども、残りの三つ（忠誠、権威、神聖）に対する態度は曖昧だそうです。そしてリバタリアンは「自由」を最も重視し、次に「公正」を重視するけれども、残りの四つ（ケア、忠誠、権威、神聖）は重視しないということです。そしてハイトによると、少し意外なことですが、よくいわれるように〈リバタリアンは個人的自由の点ではリベラルだが経済については保守主義者である〉というように、リバタリアンをリベラルと保守主義の間に置くのは適切ではないことになります。むしろリベラルの方がリバタリアンと保守主義の中間に位置するのです。保守主義者が六つの価値のすべてを重視し、リバタリアンが二つだけを重視するのに対して、リベラルはその二つに加えて「ケア／危害」をも重視するからだということです。具体的な状況によって保守主義とリバタリアニズムが同じ政策を支持することもありますが、この二つの思想の価値基盤が共通する程度は小さいということです。

さて以上がハイトの議論の紹介ですが、私はハイトの診断にとても説得力を感じます。それは何よりも、私自身の道徳感情を反省してみると、私生活上はともかくとして、少なくとも公的な道徳の問題では「忠誠」「権威」「神聖」という三つの基盤にほとんど重きを置かないことを見出すからです。

私は、他の人の信仰は尊重しますが、自分では神秘的なものへの感性や宗教的な情操は持っていないから、「神聖」という基盤は持っていません。私は自分が選んで加入した団体への愛着や義務感は持っていますが、生まれながらに属している集団への忠誠心というものは感じませんから、「忠誠」という基盤も持っていません。また礼節の問題として、年長者や社会的地位のある人への敬意を示すことはしますし、それから芸術文化の点では、前衛よりも古典が好きですが、そういう態度の強制には反対ですから、「権威」という基盤も持っていません。

そして私は、今挙げた三つの基盤を公的な領域で実現させようとするような人々に全然共感を持っていないのですが、通常そういう人々は日本でも外国でも保守主義者と呼ばれていたり、あるいはそのように自称したりしています。

リバタリアニズムは、国家の正当な領域に属する政治思想であって、個人の生き方に関する思想ではありませんから、リバタリアンが「忠誠」「権威」「神聖」という道徳基盤を持っていても全然矛盾はありません。たとえば、とても親孝行なリバタリアン、目上の人に頭が上がらないリバタリアン、あるいは宗教心が篤いリバタリアンも十分存在します。しかし彼らはこういう価値を他の人にも強制しようと主張したりはしないわけです。ただし現実問題として、私のようにリバタリアンの多くはこういった価値に私的にもあまり重きを置かないので、リバタリアニズムは個人の生き方としてもこれらの価値に反対しているとみなされがちなのでしょう。

ただ私は、リバタリアンが「ケア」を軽視するというハイトの主張には少し疑問を感じています。なぜなら、私もそうですが、リバタリアンのなかには貧困や苦しみの除去を重視する人がたくさんいるからです。リバタリアンとリベラルの間の大きな相違は、むしろ困った人々への援助のための手段として、政府と民間とにどれだけの信頼を置くかにかかっているでしょう。リバタリアンが自由市場と民間団体に大きな期待をかけるのに対し、リベラルはもっぱら政府にその役割を課そうとするわけです。このように考えると、リベラルとリバタリアンの道徳感情の相違は、リベラルの方は「ケア」と「自由」と「公正」の三つに依拠するなかでも特に「ケア」を重視する、それに対してリバタリアンはこの三つのなかでも特に「自由」を重視する、という点になりそうです。

ハイトの議論から導き出せるリバタリアンの優位性？

ハイトの議論に戻ります。ハイト自身はリベラルに属するわけですが、この本の最後の規範的な提言の部分では、〈リベラルは三つの道徳基盤にしか依拠しないのに対して、保守主義者は六つの基盤のすべてに依拠しているから人々の道徳的直感に一層訴えかける〉という理由で、リベラルも「忠誠／背信」「権威／転覆」「神聖／堕落」という基盤の意義を認めるべきだといっています。そうすれば現代のアメリカ政治における二極化という弊害を避けられるというわけです。

私は現代アメリカ政治の研究者ではないので、そうすれば二極化が避けられるかどうか分かりません。しかし私はむしろ、ハイトの診断を受け入れるならば、リベラルも保守主義者もリバタリアンに歩み寄るべきだという主張が導き出せると思います。その理由は次に述べるとおりです。

政治統治の内容は、どうしても人々への強制力への行使を含みますから、それが誰にでも正当化できるものでなくてはいけません。それが訴えかける根拠は、誰もがなるべく受け入れることができるようなものでなければならないのです。そうなると、政治は人々が現実に受容しているあらゆる種類の価値に訴えかけるのではなくて、最大公約数的な価値に依拠すべきである。そう考えると、保守主義者だけが依拠する道徳基盤は普遍性を欠くのでその資格がないということになります。それに対して「ケア」と「自由」と「公正」は、ほとんど誰もが否定しない道徳基盤です。

さらに、この三つのなかでも私は「自由」を特に重視するには十分な理由があると思います。六つの基盤のうち「自由」以外の、「ケア」は別かもしれませんが、「公正」「忠誠」「権威」「神聖」の四つは、個人の自由を保護することによってかなりの程度まで実現されます。人々はそれぞれ自分が「不公正な活動」であると考えたもの、「忠誠心のない振る舞い」であると考えたもの、「権威を無視した分をわきまえない態度」であると考えたもの、「汚らわしい行動」であると考えたものを自分で避けたり批判したりすることによって、自分が信奉する価値に従うことができるからです。そして「ケア」についていえば、「ケア」に反する加害行為の多くは、「ケア」だけではなくて「自由」という基盤からも禁止できるように思われます。

それから、不偏性（impartiality）というものを、私は公的道徳の備えていなければならない必須の性質だと思っていますが、この不偏性の条件に照らしてみると、「ケア」は「自由」よりも道徳的感情としての妥当性に問題があります。なぜなら、心理学者ポール・ブルームの『反共感論』(3)という非常に面白い本で指摘されていることですが、ケアの情動的な共感の感情は、たいてい自分に近い対象や具体的な対象から容易に引き起こされますが、遠い対象や抽象的な対象には届きにくいからです。

アダム・スミスが『道徳感情論』でいうような impartial spectator（公平な観察者）の共感ならそういう恐れはないわけですが、なかなか誰もが impartial spectator になれるわけではありません。

それから、「ケア」はなかなか数量的な考慮を入れにくいという点でも非理性的になりがちです。つまり、一〇〇人の人と一万人の人のそれぞれ同じだけの苦しみを比べたら、私は一万人の人の苦しみの方が全体として一〇〇倍も重大だと思いますが、「ケア」を重視する人はなかなかそうした数量的な考慮を考えに入れようとしないわけです。そういうわけで私は、「ケア」は比較的、偏頗になりがちな傾向があると考えています。それに対して、「自由」や「公正」に関する感情も偏頗性から決して自由ではないけれども、その程度は相対的に少ないように思います。

さてここで日本国憲法について少しだけ触れます。日本国憲法は非常にリベラルな価値を体現した政治的文書ですが、そのなかにも「権威」「神聖」「忠誠」に関する部分はあると思うのです。それは特に天皇制に関する部分ですが、たとえば一条の、天皇は日本国民統合の象徴である、そしてその地位は日本国民の総意に基づくというのは、かなり「忠誠」という価値を利用しているのではないか。また二条の、天皇の地位が世襲であるというのは、「神聖」さの価値、あるいは「権威」でしょうか、その価値に基づいている。天皇制から離れても、前文の最後では「日本国民は、国家の名誉にかけ、全力をあげてこの崇高な理想と目的を達成することを誓ふ」というように非常に調子の高い文章がありますけれども、これも「忠誠」と「神聖」に訴えかけているように思います。

さいごに——リバタリアニズムとケアについての補足

最後の点です。リバタリアニズムは「ケア」はあまり重視していないというけれども、それなりに重視しているのではないかとさっき指摘しました。これに関連して少しだけいうと、ハイトは、ジェレミー・ベンサムが「ケア」という感情をまったく欠いていたといっています。確かにベンサムのエピソード、生涯を見ると、そういう感情を欠いていたようにも思われます。でもベンサムは「仁愛(benevolence)」という理念を非常に重視していました。そして、当時のイギリスとしては非常に先進的なことに、動物の福利の擁護を説いています。だからベンサムは「ケア」という感情をあまり持っていなかったかもしれないが、〈苦しみは悪いものであって、これはなるべく最小化しなければならない〉という信念は十分に持っていたのではないかと思いました。

注

（1）森村進『自由はどこまで可能か——リバタリアニズム入門』講談社現代新書、二〇〇一年。

（2）Jonathan Haidt, *The Righteous Mind: Why Good People Are Divided by Politics and Religion*, Vintage, 2012.〔ジョナサン・ハイト『社会はなぜ左と右にわかれるのか——対立を超えるための道徳心理学』高橋洋訳、紀伊國屋書店、二〇一四年。〕

（3）Paul Bloom, *Against Empathy: The Case for Rational Compassion*, Ecco Books, 2016.〔ポール・ブルーム『反共感論——社会はいかに判断を誤るか』高橋洋訳、白揚社、二〇一八年。〕

リバタリアニズムの可能性

広瀬　巌

はじめに

リバタリアニズムを考えるとき、特に日本のコンテクストで考えるとき、次のような問題意識を持っていました。〈政府による増税や自由の制限に対して強い拒否感がある〉。これはどの国に行ってもそうだと思うのですが、日本では特に、消費税を上げる、税金を上げる、行動規制をコロナのときにかける、何をするにしても政府に対する強い不信感があります。「まず政府が身を切ってから私たちに負担を頼め」みたいなレトリックを、マスコミ、新聞、学界で聞きます。このようなレトリックは海外であまり聞きません。私が住んでいるカナダでは、パンデミックが収束した後に大増税があるということはもうみんな分かっていました。ですので、税金が上がって文句はもちろんでますが、マスコミで特段の話題になることはありません。

そんな個人の自由を制限する政府への疑心暗鬼、規制を毛嫌いするということがある一方で、政府からの便益を要求し、膨大な累積財政赤字、地方・中央政府合わせてとてつもない量の財政赤字を貯めている。それだけお金が企業や利益団体、そして個人など、国民のどこかに行っているわけです。それにもかかわらず、日本の大きな特徴は、小さな政府を標榜し、そして財政規律を尊重すべきだと主張する政党がないことです。海外の状況とは全然違います。英国、オーストラリア、カナダ、アメリカの保守系の政党は、財政規律、財政赤字の削減、そして小さな政府を標榜しており、これらの政党は定期的に政権についています。日本でこういう保守政党がないということに、今さらながら大変驚いております。

リバタリアニズムの多様性

まずリバタリアニズムとは何かという点から始めましょう。森村進さんがおっしゃったように、リバタリアニズムはすごく幅広い概念です。たとえば、形而上学において、リバタリアニズムとは自然界の確率は完全に人間がコントロールできるもので、完全な自由意志が存在するという考えです。ただ、私が今日お話ししたいのは、この形而上学でいうリバタリアニズムではなくて、道徳哲学、政治的言説でのリバタリアニズムです。

では道徳哲学のリバタリアニズムとは何か？　最も広義の定義は「個人の不可侵な自由と権利に基づいた道徳理論」です。森村さんはリバタリアニズムを価値の理論として捉えられ、私もそれに同意見ですが、哲学の専門用語で言い換えるなら、規範性（normativity）の分析的基礎（analytical foundation）が個人の自由と権利にある理論ということになります。

個人の不可侵の自由はどこから出てくるかについては、自然権や自己所有権（self-ownership）など、いろいろ考え方がありますが、今回はそれにはあまり立ち入りません。しかし、政治的言説の定義は道徳哲学の定義とは少し違います。政治的言説の定義とは、私が先ほども申し上げたように、個人の自由の最大化、そしてその裏返しとして、政府介入、政府の役割の最小化を目指すイデオロギーと理解いたします。今回は道徳哲学および日本における政治言説について少しお話ししたいと思います。

森村さんがおっしゃったように、リバタリアニズムにはとても広いスペクトラムが存在します。たとえば、ロバート・ノージックやジョン・ロックに代表される制約論（side-constraint theory）によれば、個人の自由が政府や社会の役割を制約することができるが、個人の自由が行使された後に政府や社会は何かを判断していい。これは政治的に右寄りの考え方です。同じように政治的に右と見られていても、フリードリッヒ・ハイエクやミルトン・フリードマンなどの自由市場アナーキズム（anarcho-capitalism）は、個人の自由を基礎に無政府主義にまで振り切れます。また、同じく個人の自由を基礎とするアナーキズムでも、逆方向から来る社会主義アナーキズム（anarcho-syndicalism）があるわけです。面白いのは、自由市場アナーキズムと社会主義アナーキズムが、個人の自由という共通基盤から始まり、右と左から一周回って同じようなことを主張するということです。

今日特に注目したいのは、左派リバタリアニズム（left-libertarianism）という考え方です。これが過去二〇～三〇年、道徳哲学、政治哲学でかなり論じられているので、今日はこの話を少し違う角度から論じたいと思います。

リバタリアニズムではないが、規範性の分析的基礎を個人の自由に据える立場も存在します。それは契約論（contractarianism）です。契約論というと平等主義的なジョン・ロールズを誰もが想起するでしょうが、リバタリアンに近い人たちのほうが多いようです。たとえば、古くはトマス・ホッブズ、より最近ではデヴィッド・ゴーシエ（David Gauthier）、ヤン・ナーブソン（Jan Narveson）、ロバート・サグデン（Robert Sugden）といった人たちは、個人の自由を出発点として、その中からみんなが同意し得るような社会的ルールを強調する人たちなので、この人たちが右と左のどちらに属しているかを判断することは難しいです。ナーブソンという人はカナダでは極右の思想家として知られていますが、ゴーシエやサグデンは政治的右派ではありません。

日本とリバタリアニズム

どうして日本にはリバタリアニズム政党がないのでしょうか？　二つ理由があるかもしれません。一つは、戦中・戦前の全体主義体制へのトラウマや反省です。戦中には政府が個人を完全に掌握し、動員し、膨大な犠牲を強いました。そういう全体主義における強大な政府を制約するために個人の自由を強調するという戦後の流れが一つです。もう一つの理由は、日本の憲法がアメリカの影響下でつくられた事実です。アメリカに行ってすぐ分かるのは、連邦政府への不信感です。保守的な州へ行ってもリベラルな州へ行っても、みんな連邦政府への警戒感が強い。「合衆国」ということもあり、州が基本で、巨大な連邦政府を制限しようという考えが強い。中央政府への制約と不信感はアメリカから来たという見方もできます。

これに対し、日本では「反」リバタリアニズムの心理も強い。戦後日本は福祉国家を望んだわけです。再分配をしなくてはいけない、そして最低限度の文化的な生活を保障するためにセーフティネットを構築するというコンセンサスが日本に根付いています。これを否定する、たとえば公的な医療保険を民営化しろというような、英国やカナダの保守政党が常に主張する論調は日本にはほぼ存在しない。

さらに財政規律の欠如です。財政の支出と歳入のバランスをとれと主張する政党がない。この帰結はGDP比二〇〇%を超える地方と政府の累積財政赤字です。財政赤字を減らそうというと、財務省の手下と批判されます。

これら両極が同時に存在しています。その中で、リバタリアニズムは「危ない考え」と思われているため、表立って「私はリバタリアンです」という人は日本では聞いたことがありません。

平等主義にもなりうるリバタリアニズム

ただ、先ほど申し上げたように、リバタリアニズムといってもかなりの幅があります。私が注目したいのは、左派リバタリアニズム（left libertarianism）[1]です。現代の左派リバタリアニズムの代表格マイケル・オーツカの考えを取り上げてみましょう。彼は基本的にノージック流の自己所有権というものを理論的基礎としていますが、世界がすべて個人によって分割・所有されるべきかを問います。たとえば、右派リバタリアニズムはマーガレット・サッチャー流の考え方をとり、社会というものは存在しない、個人だけが存在する、よって世界は究極的には個人に分割・還元できると考えます。しかしオーツカによれば個人の自由が道徳の基礎だけれども、世界の大部分は個人によって分割・所有されないといいます。彼は world-ownership という言葉を使いますが、ちょうど海に公海があるように、誰にも所有されていない公共の、誰にも属していないものがある。誰もそれに対して所有を主張する権利も道徳的基盤もない。だから、world-ownership はそれぞれの人たちに平等に分け与えられるべきだというわけです。そうすると、彼がいっている左派リバタリアニズムがどのくらい平等主義的かは、world-ownership と private-ownership の境目で決まるわけです。

オーツカにいわせると、private-ownership（個人の所有、自己所有権）で説明できる世界は小さくて、世界の大部分は誰も権原を持っていない、だから world-ownership は個人に平等に分配されるべきなのです。オーツカが自分のプロジェクトを「Libertarianism Without Inequality（不平等なきリバタリアニズム）」というとき、リバタリアニズムでありながらリバタリアニズムでカバーしていないものを平等に分けていけば、完全に平等というわけではないけれども、私たちが思っているよりかなり平等な社会になるということです。それがオーツカ流の左派リバタリアニズムなのです。

	マスク着用	マスクなし
マスク着用	（マスク着用、マスク着用）	（マスク着用、マスクなし）
マスクなし	（マスクなし、マスク着用）	（マスクなし、マスクなし）

個人の観点と社会の観点――コロナ禍におけるマスク着用の例

　ここからは個人の自由の観点と社会の観点との対比を、コロナ禍の行動規制のコンテクストでお話ししたいと思います。

　コロナ禍にかなり議論になったものの一つは、マスクの着用を法的に強制するか、それとも個人の自発的行動変容に頼るかというものです。日本では結局、罰金などを課して行動を規制するような法律を施行することはしないということになりました。海外は基本的に、マスクでもソーシャルディスタンスでもそうなのですけれども、法律で何十万円という罰金を課して強制しました。そうしなかったのは日本とスウェーデンくらいです。日本での理由はいたって簡単です。政府は個人の自由を制限してはならないというリバタリアニズムの考えです。

　そこでデレク・パーフィットが『理由と人格』で注目した、個人のリスク判断と社会のリスク判断の対比を考えてみましょう[2]。個人の判断の総和だけで考えるとひどいことになるというのがパーフィットの有名な分析です。たとえば、何万分の一かの確率で自分に災難が起きるとき、そのリスクが怖くて行動しないということはまったく非合理である。しかし、同じ何万分の一の確率で原子力発電所に大事故が起こるとしたら、そのリスクを無視する原子力技術者は非合理的である。同じ小さな確率とはいえ、個人の観点からの判断と社会の観点からの判断はまったく違うものなのです。
私自身は、マスクをする、あるいはソーシャルディスタンスを取るということは法律で縛った方がよかったと思います。それを次の例で説明します。

二人の個人がいたとしましょう。それぞれの個人に「マスクを着用する」と「マスクを着用しない」という選択があるとしましょう。この判断はコロナ禍以前には「マスクなし、マスクなし」で均衡していました。そしてコロナ禍に入り、マスクを自発的に着用しましょうということになって、「マスク着用、マスク着用」の均衡に移りました。ここまではうまくいって、日本型モデルといって多くの人たちが自画自賛したわけです。

ただ、ノーマライゼーションの過程が始まるときに、マスクをいつ外すかという問題が出てきます。日本ではこれはなかなか進まない。何カ月も厚生労働省が「屋外でマスクはしなくて大丈夫です」とアナウンスしていたにもかかわらず、屋外でマスクを着用する人が多かった。

経済学の基本理論によれば、二つ以上の均衡がある場合、外部からの明確なシグナルがあればみんなそちらの方に向かうということになっています。「マスクなし、マスクなし」の均衡から「マスク着用、マスク着用」の均衡へ、政府の明確なシグナルによってうまく移行できたのはそのためです。では、「マスク着用、マスク着用」から「マスクなし、マスクなし」に簡単に移れるかというと、なぜか移れない。この二つの均衡のあいだに非対称性があって、「マスク着用、マスク着用」に行くのは簡単だけれども、「マスクなし、マスクなし」に移るのは大変なのです。

それにはいろいろな理由があると考えられますが、決定的な理由は明確なシグナルが欠如しているということです。「マスクをしてください」というメッセージは出せても、「マスクをしないでください」というメッセージは出しにくいものです。マスクをしなかったら罰金ですということはできるけど、マスクをしたら罰金ですという法律は作れないのと一緒です。

マスク着用を法律的に強制すればこの問題は起きません。なぜなら、法による行動制限には期間がはっきりとあるからです。「Ｘ月Ｙ日から罰金を課しません」と宣言することで、着用義務なしというクリアなシグナルが出るわけです。

こうしたシグナルが欠如しているので、日本の自発的行動規制の状況下では「マスクなし、マスクなし」になかなか移行できないのです。いわんや、「マスクの着用は個人の判断に委ねる」というのは公衆衛生のメッセージとして最悪です。法律による強制は、「マスク着用義務あり／なし」というどちらのシグナルとしてもうまく機能します。マスク警察や、冷たい目で見られるなど、個人間の険悪な雰囲気も出てきません。公衆衛生は個人の観点からでは説明できないことがたくさんあるわけです。公衆衛生と社会の観点からも望ましいし、実際に一つの均衡からもう一つの均衡に移るというシグナルの実効性という点でも、法律による強制のほうが自発的行動変容に頼るよりもいいと思います。

おわりに――リバタリアニズムの可能性

私がこの例で強調したいのは、コロナ禍に日本型モデルといって自画自賛していた人たちは、個人の自由を尊重しているようで、実は、マスクをしなくてはいけない、パーティーが開けない、祖父母に会いにいけないなど、かえって自由の制限を長期化させていること、つまり表面的な自由の尊重は結果的に自由を抑制してしまっているということです。もし個人の自由が重要だというのであれば、個人の自由を基にするだけではなくて、個人の自由を目的にしなければならないのです。

〈個人の自由はそれ自体が価値のあるものである〉。この考えはリバタリアニズムそのものです。ただ、個人の自由は社会、政府、公衆衛生などの積極的介入の帰結でもあることを忘れてはなりません。法律で個人の行動を規制することは、個人の自由それ自体に価値があるという考えを否定することではありません。法律による個人の行動の規制は、個人の自由を守ることもあるのです。これはアマルティア・セン（Amartya Sen）がケイパビリティ・アプローチといったときに繰り返し主張してきたことです。個人の自由は、それ自体重要だけれども、実はその個人の自由はどこからか自然に湧いてきたものではない。社会の介入、国の介入、公衆衛生の介入などによって守られたり増進されたりするものなのです。

ですから、リバタリアニズムというものを狭く見ないで、個人の自由、社会の観点を考えて、その兼ね合い、そのバランス、どこでボーダーラインを引くかということに注目していけば、リバタリアニズムは保守的な政治的言説というわけではなく、日本で今まで希求されてきたような社会にとっても大きな可能性がある政治哲学理論だと思っております。

注

（1）Michael Otsuka, *Libertarianism without Inequality*, Oxford University Press, 2003.

（2）Derek Parfit, *Reasons and Persons*, Oxford University Press, 1986.〔デレク・パーフィット『理由と人格』森村進訳、勁草書房、一九九八年。〕

◆パネルディスカッション

森村 進×広瀬 巌×宇野重規×加藤 晋

日本でリバタリアニズムが広がらない理由

宇野　非常に示唆的な報告をありがとうございました。最初に、森村さんに質問いたします。森村さんの発表では、何より「自由」、次に「公正」を重視するリバタリアニズムは、非常に普遍的な道徳基盤を押さえているというご主張でした。であるとしたら、リバタリアニズムは、より多くの人に受け入れてもらいやすいはずですから、もっと強力になってしかるべきだと思うのです。ところがアメリカにおいても決して最強の勢力ではないし、まして日本においては広がっているようには見えません。それはいったいなぜなんでしょうか。

森村　日本でリバタリアニズムが弱いというのは、私も不思議に思っているぐらいです。自由を尊重する気風は決して弱くないと思うのですけれども、それが政治的な勢力としてはほとんど存在しない。私自身は哲学者なので、それほど日本の社会や政治の実態を研究したわけではないから、むしろ政治学者や社会学者の方に聞いてみたいと思うのですけれども、私の推測では、おそらく日本人は、自由も大切だと思っているけれども、国に対してかなり大きな要求をしているのではないでしょうか。自分たちの暮らし向きを良くしてもらうことも国の役割だと考えていることもあるのではないか。それは、矛盾しているといえば矛盾しているわけですけれども、実際にそういう人がいっぱいいるからこそ、リバタリアニズムがどうしても少数派にとどまるのではないかと思います。あまりはっきりとしたお答えにならなくて申し訳ありません。

宇野　広瀬さんの報告も、いまの質問に関連するものでした。つまり日本は、大きな政府と小さな政府のどちらでもないのですね。政府による増税に対して、非常に不信感がある割には、財政規律の主張は必ずしも強くなく、政府にいろいろ要求もする。これはどう考えても矛盾した発想に見えます。

　日本人のなかに、「親」リバタリアンと「反」リバタリアンの両面があるという分析には非常に納得したのですが、これは道徳哲学的にいうと矛盾していると言わざるをえません。なぜ日本人はこんなにおかしな信条の体系を持っているのか。歴史的な説明としてはわかるのですけれども、これは一貫性に欠けているのではないか。自分は自分で生きていくのだという発想か、あるいは社会でシェアしていくべきなのか、どちらかに決めるのが当然だと思うのですけれども、日本人はどうしてどちらかに徹底できないのでしょうか。

広瀬　海外から日本社会に関する論調や言説を見ていると、日本は、なぜかはわからないんですが、政府という別人格が存在して、その政府が自らの預金通帳を持って、自分で使ったり、お金を稼いだりしているようなイメージがあるように感じます。つまり、税金を払っている国民とはまったく別個に、政府が人格として存在しているように国民には感じられている。だからみんな「増税するのなら、まず国の支出を削ってから」と言うわけです。マスコミの論調もそうです。

もちろん削れるところはいっぱいあると思うのですが、政府の財政はみんなの税金から成り立っているという考え方ではないのですね。その結果、累積債務をいっぱい出して、将来に付け回す。それはそれでいいのか悪いのか分からないのですけれども、将来の人たちはまだ存在していないのですから、そういう人たちから搾取しているような感じがします。

なぜそのような政府像を日本人が抱いているのか。正確なところはわかりませんが、戦前から、お上にはお上の財布があるというイメージはあったんじゃないでしょうか。戦後になって、お上を少しコントロールできる立場になったからものを言うという感じで、戦前と戦後でそんなに変わらないような気がします。

宇野　ありがとうございました。今、広瀬さんがおっしゃった、日本では政府が別人格のように感じられているのではないかという指摘は、非常に説得力があります。自分たちの共有の財産ではなくて、政府という存在が自分たちとは別の財布を持っていると。こういう発想が日本人の矛盾した態度に大きく影響しているかもしれないと思いました。

左派リバタリアニズムの可能性

宇野　もう一つ広瀬さんに質問ですが、ロックの議論によれば、人が自然物に労働を付け加えると、それが所有権になります。けれども、マイケル・オーツカ（Michael Otsuka）の場合、広大な自然物はたくさんあって、それがみんなに開かれているべきだと論じます。そちらを重視すれば確かに左派リバタリアンの論理になると思うのですが、やはりリバタリアンの本質は自分の所有権の方にあって、自然界のworld-ownershipを強調し過ぎると、リバタリアンから遠のいてしまうのではないでしょうか。

広瀬　マイケル・オーツカ流の左派リバタリアニズムがリバタリアンといえる理由はすごく単純で、自己所有権や個人の自由を道徳的分析の基礎にしているというだけです。結果的に、それ以外の帰結主義的な平等主義と変わらないといえば変わらないのですけれども、平等主義的帰結主義の人たちの典型は分析的基礎がウェルビーイングや個人善です。ですから、個人善か個人の自由かという一点のみで、マイケル・オーツカやヒレル・スタイナー（Hillel Steiner）という人たちは左派リバタリアンということになるのです。

加藤　私自身は経済学者として、左派リバタリアニズムに魅力を感じます。そこでお二人に聞きたいのですが、左派リバタリアンは実際の政策としてどのぐらい可能性があるんでしょうか、たとえば、ベーシックインカムはその方法としてどのぐらい魅力的な選択肢なのでしょうか。

森村　先程の宇野さんの質問とも合わせてお答えすると、左派リバタリアンとそうでないリバタリアンでは、自分の体ではない世界の資源が、本来誰のものかという点で主張が分かれるのだと思います。ロックの場合、みんなのものだといっているから平等な自由ではあるのだけれど、天然資源を利用できる能力がある人はそれをどんどん利用するし、あまり能力に恵まれていない人は大して利用できないという不平等は認めるわけです。

　それに対して左派リバタリアンのなかにもいろいろな考え方があって、天然資源の価値をあらゆる人に平等に分配すべきだと考える人もいます。スタイナーはおそらくそうなのでしょう。ただそうすると、平等な価値の天然資源をもらっても、それを効率的に利用できる人となかなかできない人がいるわけで、そういう能力の差による不平等は生じます。それで構わないと考える人も左派リバタリアンのなかにはいると思うのですね。

しかし、それでもいけなくて、天然資源の分配は最終的に、ウェルフェアや機会が平等になるような仕方で、あるいはそうでなかったら格差原理を満たすような仕方で分配されるべきだと考える人もいます。ここまで来ると、もうリバタリアンというよりは平等主義的リベラルに近くなってくるので、左派リバタリアンのなかにも、天然資源の分配の仕方でかなり差が出てくるように感じます。

ただ、いずれにしても左派リバタリアニズムのような考え方を取ると、たとえば産油国のように天然資源に恵まれた国の人たちが豊かな生活を送れるのは不正であるという帰結になりそうですが、あまりそういうことを言っている人がいないのは不思議です。

ベーシックインカムについては、基本的な生活水準を守るためだったら、私としてはそれほど反対する理由はないし、行政的なコストという点からいえば非常に効率的であるから、原理的に反対したいとまでは思いません。実際にどのぐらいのレベルかなど、具体的な内容によって、賛成できることもあれば、反対したくなることもあるでしょうけど。

広瀬　私も、森村さんとまったく同意見で、左派リバタリアンのなかでもかなりの差があると思います。ベーシックインカムだけを保障し、それ以外は能力の発揮に任せて、帰結はどうなってもいいというリバタリアンもいるだろうし、ヒレル・スタイナーやマイケル・オーツカのように、それでは不平等だからとウェルフェアやウェルビーイングの平等まで主張する人たちもいるでしょう。そして後者の場合は、累進課税のような方向に行かざるを得ません。ですから、左派リバタリアンのなかにも幅があって、どの塩梅を取りたいかによって、ベーシックインカムがいいか、それよりももっと再分配したいかという主張が分かれてくると思います。

ナッジはリバタリアニズムなのか

加藤　もう一つ、リバタリアン・パターナリズムについてもうかがいたいと思います。経済学では、二〇〇〇年代に入って以降、ナッジが大変流行りました[1]。

広瀬　行動経済学ではそれがメインになっていますね。

加藤　ええ。お二人は、リバタリアン・パターナリズムについてどういう意見をお持ちでしょうか。

広瀬　ナッジを広めたリチャード・セイラー（Richard Thaler）の本などでは、ナッジの考え方はリバタリアン・パターナリズムだと言っていますが、哲学のなかでは、ナッジは本当にリバタリアンか、本当にパターナリスティックかという議論があります。たとえばダニエル・ハウスマン（Daniel Hausman）は、個人の選択を無意識上でもコントロールしようとすること自体が、リバタリアンに反していると言います。だからリバタリアン・パターナリズムという言葉が、ナッジを表現する意味で適切かどうかという問題があると思います。

　さらにナッジには、個人に対して望ましいと同時に、社会的に見て望ましいという観点も入ってきます。それで個人の選択行動を意識的にも無意識的にも誘導しようということだから、本当に厳しいリバタリアンやノージック流の人だったら、そういうものは余計なお節介だと言うでしょうね。他方で、もっと帰結主義的な所有権を主張するリバタリアンだったら、そこまで目くじらを立てるほどのことではないと受け入れる可能性はあります。だからナッジについても、どういうリバタリアンかによって態度は変わってきます。

森村　自己宣伝になりますけれども、私は『自由と正義と幸福と』（信山社、二〇二一年）という論文集に「ナッジ再考」という論考を寄稿しています。簡単に言いますと、リバタリアンは政府による強制的な介入には反対するけれども、単に奨励するだけだったら必ずしも強く反対するとは限らない。非常に強硬な人なら、そもそもそんな奨励をすることさえおこがましいというかもしれませんけれども、少なくとも私は、単なる奨励だったら特に反対するつもりはありません。そして、単なる奨励にとどまるのだったら、別に自己の利益を守るためではなくて、他の人の利益を守るためであっても構わないのだから、パターナリズムである必要もない。「社会の福祉を守るために、皆さん、こういうことをしましょう」とナッジしてもいいんじゃないかと私は思うわけです。

というわけで、私は、ナッジ論はリバタリアンであるべきだが、パターナリズムにこだわる必要はないのであって、libertarian altruism（リバタリアン利他主義）でも構わないのではないかと考えています。

広瀬　ナッジに関わる倫理的な問題として、こういう実験の事例があります。たとえば高速道路でトイレが終わった後に手を洗うことを奨励するナッジがいくつかある。まったく問題ないのは「手を洗いましょう」というサインを付ける。もう少し強めたものとして、手に付いているばい菌を写真で見せたりする。このぐらいまでは、私も許容します。一番問題になるのが規範の強制で、「隣の人は手を洗っていますか」というナッジがあるんです。つまり、「あなたは他の人たちに見られている」ということを示唆して、恥ずかしいから手を洗わなくてはいけないと誘導する。かつ、それは論理的にいうと、あなたも潜在的には他の人たちを監視しているということです。

それはまさに、日本で「マスク警察」などと言っていたような監視社会を奨励するようなナッジになっているように思います。法律を基盤にするのではなくて、モニタリングしあう人間関係を、社会的な目的のために使うわけですから。こういうタイプのナッジは、倫理的に大きな問題があるのではないでしょうか。

加藤　僕はどちらかというと広瀬さんの考え方に近いんですが、森村さんのご報告にあった「ケア」という道徳基盤が鍵になるような気がします。リバタリアニズムとしては「自由」と「公正」を最初に持ってくれれば、「ケア」と両立不可能ではないわけですよね。一方で、広瀬さんのおっしゃった規範の強制のようなナッジは「ケア」という印象があまりしません。だから、「ケア」を中心にしたナッジに絞るということをすれば、ナッジの倫理的な原則を構想するうえで役に立つんじゃないかと思ったのですが、こうした点をどう考えますか。

広瀬　功利主義でも、個人の効用に加えて慈愛(benevolence)を強調しますよね。これも「ケア」と似たような感じです。両者が重なると、一挙にパワフルな道徳理論、政治理論になるのと一緒で、個人の自由も「ケア」などと関わると、一挙に強力な道徳・政治議論になるのではないかという感じがしますけれども。森村さん、いかがでしょうか。

森村　アメリカで日本よりずっとリバタリアニズムが強い理由の一つは、民間の団体によるチャリティ活動が非常に盛んだからです。日本ではあまりそういう活動が盛んではなくて、それは国がすればいいという発想が強いからではないかと思います。

ただ規範の強制については、私はその規範の内容が、誰もが本当に守らなくてはいけないものであるならば、相互に監視するのはそんなに悪いことではないと考えます。単なるエチケットぐらいのことでそれをするのは望ましくありませんが。

リバタリアニズムとデモクラシーの関係

宇野　リバタリアニズムとデモクラシーとの関係について、お二人にご意見をうかがえればと思います。リバタリアニズムの発想に立つと、市民の政治参加それ自体が価値であるという議論はなかなか出てきにくいとは思うのですが、それこそジョン・ロックは一方では個人の自由を最大限尊重すると同時に、自分が同意を与えていない権力に従うことには反対したわけです。したがって、自分たちの代表者を通じて信託を与えた政府にのみ従うということで、デモクラシーは重要であるという論理につながっていきます。

こうしたこともふまえて、お二人は、リバタリアニズムとデモクラシーの関係をどうお考えになるでしょうか。広瀬さんの報告だと、日本人は国家による強制は好きではないけれども、コロナのような局面では市民の自粛によって解決しようとした。これは国家に対抗するという意味もあったのかもしれないけれども、逆に個人の自由を相互に規制してしまっているわけですね。ロックのように「この政府は自分たちの代表者の政府だ」という発想がないと、このパラドックスをなかなか抜けられないような気がするのですが。

森村　その点については、今日お話しできなかったテーマ、ジェイソン・ブレナン『アゲインスト・デモクラシー』[2]についての感想と少し関係します。

ブレナンは、デモクラシーはあくまでも良い政治をするための手段であって、良い政治をするためには、賢者、知者による統治の方がむしろふさわしい、そして知者だけが投票するような政治がむしろ望ましいかもしれない、と言っています。

私は別に無政府主義者ではないから、政府というものは必要だと思っています。しかし政府の範囲については、平均的な人たちが考えるよりもずっと少なくて済むとも思っているのです。ただ、その政治的な意思決定をどのようにすべきかといったら、これはやはり公的な権力の行使の対象になっている人の意見がある程度反映されなければ、その正統性は認めることができないのではないか。だから、民主主義は統治の形態としては一番正当化しやすいわけです。少なくともそれ以外の形態でデモクラシー以上に正当化しやすいものは私には考えつきません。

ただし私は、政治参加が人間として正しい生き方であるというような、政治参加を自己目的化するような考え方には与しません。それから、いくら民主的な決定であっても、個人の基本的な権利を侵害するような公的な決定は認めるべきではないと思っています。

そのことに関連して、ブレナンの本の面白いところは、参政権は人権ではないという、かなり大胆な主張をしているところです。私もある程度は共感します。しかし、国民であるのに参政権が認められなかったら、やはり平等な取り扱いに反するのではないかという気はするわけです。だから私は、子どもにも受刑者にも参政権を認めるべきだと思っています。この点はブレナンとは違うけれども、基本的な考え方はかなり似ています。ブレナンのように参政権が重要でないとは思わないのですが、特定の人だけに認めるような権利だとは思っていません。

広瀬　私は将来世代という点からコメントします。現在だと一八歳以上の生きている人たちが投票権を持っている。ということは、将来世代（＝一八歳未満の若い人たち）は民主主義にはどうしても取り込めないのですね。

　私は、民主主義がそんなに重要だろうかと考えていて、それよりも政治的正統性の方が重要だと考えています。私がこのような考えを持ったのにはきっかけがあります。何年か前に日本に一時帰国したときに、ドラマ「逃げるは恥だが役に立つ」のスペシャル番組みたいなものが放送されていたんですね。そのなかで、登場人物のある女性が「一〇〇年後に生まれてくればよかった」と言うのです。

　よくわかります。たとえば若い世代では、選択的夫婦別姓に反対する人はそんなにいないと思います。ただ、ある程度の年代の人や地方の人などが、将来世代の意見を聞かないで、自分たちの考え方で押し通している。人口の問題はあるにせよ、若い人たちの将来のことを、将来とは利害関係の薄い年を取った人たちが決めているという現状があるわけです。

　環境問題であれ財政であれ、将来世代に関わる問題は、現行の民主主義制度からはこぼれてしまう。それは民主主義の限界といえば限界なのかもしれないし、技術的な問題があるといえばあるのかもしれません。ただ政治的正統性という点から考えれば、将来世代も含めてどのように政治的判断を正当化できるか。それを誰に対して正当化するかといえば、その政策や判断によって影響を受けるすべての人です。ですから、一八歳以上の成人のみならず、一八歳以下の人、まだ生まれていない人、海外から移民で来る将来の日本に住む人——そういう人たちに対する正統性が一番の根本になっていくのではないかと思います。

宇野　ありがとうございます。リバタリアニズムというと、あるいは保守的なイメージが強いと思うのですが、今日は左派リバタリアンを中心に、ケア負担の問題や分配の問題と決して無縁なわけではなく、むしろそちらを正当化するのに有力な論理を持っているという可能性があることが非常によくわかりました。

リバタリアン・パターナリズムの議論も刺激的でした。何より将来世代の話、要するに将来世代の自己決定の権利をどうやって考えていくかという問題にまで発展したのは、今日のディスカッションの大きな収穫でした。

お二人の報告とディスカッションから、リバタリアニズムは今後ますますいろいろな可能性のある議論ができるし、面白いということを、今日はあらためて確信いたしました。本当にどうもありがとうございました。

注

（1）リチャード・セイラー、キャス・サンスティーン『NUDGE 実践 行動経済学 完全版』遠藤真美訳、日経BP、二〇二二年。

（2）ジェイソン・ブレナン『アゲインスト・デモクラシー』（上・下）井上彰・小林卓人・辻悠佑・福島弦・福原正人・福家佑亮訳、勁草書房、二〇二〇年。

第3回
道徳理論としての利己主義

政治哲学や社会科学においては、人間が実際にどのように行動しているのか、そして、どのように行動すべきか、という「人間像」が分析の根底に据えられています。このうち「人々の行動指針や規範原理の中心にあるのは自己利益の追求である」という人間像を元にした理論一般を、利己主義（egoism）と言います。啓蒙時代以降、ヒューム、ホッブズ、ベンサムといった思想家たちによって、この利己主義の理論は徐々に形づくられ、ある時から「ホモ・エコノミクス」という人間像によって標準化されました。ホモ・エコノミクスは近代以降の経済学の指標として大きな影響力を持つに至っており、経済学の標準的なテキストを開いてみると、多くが自己利益を最大化する個人の行動についての説明からはじまります。社会科学一般でも合理的選択理論の前提となる人間像として広く受け入れられ、近年では、政治哲学でも自己利益を最大化する人間を前提とした議論が多くみられます。

しかし、利己主義あるいはホモ・エコノミクスは、倫理的に妥当なものなのでしょうか。この問題についてはさまざまな議論があります。極端なものとして、それぞれの個人が自らの「善」（＝自己利益）を追求すべきだとし、利己主義を直接的に支持する立場があります。このような立場は、他者の利害や社会的関係を軽視するとして批判されることが多くあります。しかし、社会契約論の中には、契約時点での自己利益の追求によって他者への義務を基礎づけようとする試みもあります。これは、他者への関心を重視する標準的道徳学説と利己主義がどのように折り合いをつけられるのかについての検討とみなすことができます。この回では、道徳理論としての利己主義の検討を軸にして、利己主義が持つ思想的背景や理論化の問題などについて考えていきます。

利己主義の道徳理論は存在するのか

重田園江

はじめに――利己主義と道徳は結びつくか

はじめに次の問いを立ててみます。「利己主義の道徳理論は存在するのか」。というのも、「道徳理論としての利己主義」を考える前に、そもそも利己主義は道徳理論の基礎たりうるのか、というところから考えたいからです。これについて思想史の立場から考察するには、一八世紀の思想家たちを取り上げるのが適切だと思われます。なぜなら、利己主義が堂々と人間の本性として認められはじめたのは一七世紀ですが、当初は反対がとても大きかったのです。けれども一八世紀になると、だんだんと利己主義を前提として、あるいはそれを人間の本性として、道徳を論じるようになるからです。

なぜ利己主義と道徳理論の結合に違和感があるかというと、これは道徳あるいはモラルとは何かという点に関わります。私は徳倫理学者ではないですが、モラルはやはり人間性や、人間が持っているある種の属性としての徳、あるいは属性ではないにしても、他者関係のなかで発動される何らかの徳性と関わるのではないでしょうか。そういう意味で、利己主義と道徳とは両立しないと考えるのは自然なことでもあるのです。

どういうことかというと、モラルとは人が一生懸命努力してその状態になろうとするもので、だから小学校にも道徳の時間があって「こういうふうに努力しなさい」と言います。ところが利己主義者には、別に努力しなくてもなれます。いやいや、利己主義だって努力しないとなかなか貫くことはできないと言われるかもしれませんが、それなら貫かなくてもいいという話になります。モラルは、努力して得る、身につけるということと何か関係があるとすると、利己主義とモラル・道徳は、語義矛盾とまで言わないとしても、つなげるのは難しいのではないでしょうか。

仮に、人間は利己的にふるまうべき場合があること、そうでないと生き残れないケース、たとえば食べ物が全然ないときに「自分はいいから」といって人に全部食べさせていたら飢え死にするというような場面の想定はできます。でもそれは道徳ではないですよね。確かにある種の行為規範かもしれないけれど、道徳ではないと思います。

またたとえば、「会社のために利益第一で行動すべき」という場合。ここに「利益」と「べき」が並んで書いてありますけれども、これは利己主義ではなくて、やはりある種の共同体への奉仕であって、国のために命を捨てるべきというのに似ています。むしろ利己主義とは正反対のモラリティの話ではないかと思うのです。

ということで、利己主義と道徳って変な組み合わせだなと思うわけです。

ホッブズ――人間の自然についての物理主義（マテリアリズム）

以上をふまえてなのですが、「利己主義の道徳理論」という表現をするからには、「利己主義の道徳」なるものが何らかあると前提されているのではないかということです。しかし本当にそんなものがあるのか。これが私の問いです。

ここでいったん利己主義の道徳理論を想像してみましょう。利己主義の道徳として、西洋思想史で最初に名前が浮かぶのはトマス・ホッブズではないでしょうか。ホッブズが前提とする人間像は、読み方によってはゴリゴリの利己主義です。一方で、『リヴァイアサン』の万人の万人に対する闘争のところを読んでいると、その前提は利己主義ではないともいえます。「自己保存」というのは、ホッブズの場合は何かもっと物質的に捉えられています。そのため、利己主義ということばでは十分表現されない世界観なのです。物体に働く慣性の法則と同じように、人間も自分自身を保存すると捉えており、それは「人格」なるものを前提とするエゴイズムには見えない。もっとすごくマテリアルに見えるということです。

ホッブズにおいて、そうした世界像を前提としてどうなっていくかというと、利己主義は人間の自然になります。なぜ人間の自然かというと、人間が物質からできているからです。要するに自然というのは、ホッブズにとっては動物もそうだし、鉱物でも何でも、自己保存を目的としている。それは目的というより、物質はすべて自己を保存する存在だということです。だから、自然な状態として相手をやっつけてでも自分を保存しようとする。そうすると、このような人間の自然を廃して社会を作るという所作自体が、自然との対比で非常に人工的になるわけです。だからホッブズの『リヴァイアサン』は、神様がこの世界を創造したように、私たち人間はリヴァイアサンを創造できると言っています。人間が徹底的に人為的に創っていくものとして、社会が構想されるという形になるわけです。

そうなると、「自然」に対立するものとして「社会」が屹立してきます。超然として、それこそ有名なリヴァイアサンの口絵のように海からザザーっと出てくる。この絵では、海から出てくるのがリヴァイアサンで、手前がイングランドです。自然の人間というマテリアルな存在に対して、完全に人為的なものが異形の存在として出てくるのです。

ホッブズが描く人間世界においては、このように超越的な地上の権威が必要になるわけですが、これは利己主義の道徳理論ではないですよね。利己主義が自然の状態なので、それをそのままにしておいたらみんな死んでしまう。だからそうではなくするために、アーティフィシャルなものを徹底的に上からガッと創ろうと。それが最低限の社会ルールをもたらすなら、死んでしまうよりはいいよねという話です。

つまり、自然の秩序と人為の秩序は違っていて、リヴァイアサンは徹底的に人為の秩序、自然な利己主義を押さえつけるものとして出てくるということです。

エルヴェシウス――快楽主義は経済的自由主義とはかぎらない

一八世紀になると、コンディヤックやエルヴェシウスのような唯物論的な利己主義の典型とされる人たちが、フランスから出てきます。イギリスにはヒュームがいます。ヒュームとコンディヤックやエルヴェシウスは実は年齢も非常に近いです。つまり、この時代のある種「過激な」哲学者たちは、利己主義的な存在としての人間を認めたうえで、世界を記述し、社会秩序を考えようとしたのです。

ここではエルヴェシウスを取り上げてみましょう。森村敏己さんの著書に拠ってお話しします[1]。唯物論的利己主義を徹底したエルヴェシウスは、モラルの問題をどう扱うでしょうか。彼は社会機構を精巧に作ることによって、モラルある人間をきちんと作り出せるというのです。エルヴェシウスは唯物論的快楽主義者なのですが、ここで「名誉」というアイデアが出てきます。だから、モンテスキューなどを読んでいる人は「ふんふん」みたいに思うのです。モンテスキューとは多分系列が全然違うのですが、ある意味似たようなモラルを、ムルス（mœurs 習慣、習俗）によって基礎づけていきます。ここで快楽の対象を社会的にうまく設定してやると（たとえば名誉が快楽の対象になる）、人々はそれを通じて社会に順応します。社交的にもなるし、大人しくなるというか、そういう「飼い慣らし」が習慣や制度を通じて成立するのです。つまり快楽主義であっても、私たちが想像するような経済的利己主義にはまったく結びつかないこともありうるのです。利己主義をうまく社会化するための仕組みをどう作ればいいかをエルヴェシウスはさまざまに語っており、そこが森村さんの著書の本当に面白いところです。功利主義の元祖とか唯物論者とかいわれている人が、実は経済的自由主義万歳とはほど遠い社会を思い描いていたということです。

ヒューム――利己主義が社会化する道筋を作る

ではヒュームはどうかというと、徳と悪徳を快楽と苦痛に置き換えるという点で、功利主義の元祖だという人は非常に多いです。善悪が快楽と苦痛に置き換えられることについては、ヒュームはかなりはっきりそうだと述べています。ハチスンなどから来る感覚論哲学の系統なのですが、ハチスンの場合は信仰心が強く、ヒュームみたいな割り切りはないです。いずれにしても「イギリス経験論」と呼ばれる哲学的伝統では、このように徳と悪徳を快楽と苦痛に置き換えてしまうのですが、他方でヒュームは、やはり人間の社会性の問題や社会秩序の問題を重視して、「シンパシー（sympathy）」という概念に注目するのです。

ヒュームのシンパシー論は面白くて、AとBがいて、自分はそのAとBを外から見ています。そこでAがBをいきなり殴ったりするわけです。ヒュームの議論はAの方ではなくBの方に肩入れして（シンパシーを抱いて）、Bがどう感じるかを想像するという構成を取っています。このプロセスをもっと複雑にしたのがスミスです。スミスまでいくと、是認の議論などとても複雑になっていくのですが、ヒュームの場合、そこはシンプルにできています。つまり、共感や反感を、された側に感情移入して抱くのですが、その根拠は快楽と苦痛の感覚なのです。殴られたら痛いよね、痛いのは嫌だよね、嫌だから悪いよね、となります。

また、コンヴェンション（convention）もヒュームにおいて非常に重要な概念です。これは自分にとって都合がいいことと他者にとって都合がいいことを協調させられるという考えです。つまり、利己主義を捨てないままで社会のルールを作れるという話なのですが、だからといって利己主義の貫徹ではなく、利己主義がいつの間にか「世間」に移行するみたいな話です。ヒュームのコンヴェンション論は一時期日本で流行りました。一九八〇年代後半から一九九〇年代前半ぐらいでしょうか。このころ日本でヒュームを使って言われていたことは、世間論にとても近かったと思います。

このように、ヒュームという人は利己主義や快楽主義をいったん仮定するけれども、それをどうやって社会化するかをずっと考えていました。つまりヒュームは、利己主義の道徳というよりは、利己主義が社会化されるプロセスにおいて、個人の利害と全体の利害や他者の利害がプラスサム的になっていくようなルールについて、ずっと考えをめぐらせていたのです。その意味では、エルヴェシウスよりもリファインされた形で、利己主義を薄めていって社会化するというタイプの道徳論ではないかという気がします。

スミス——正義には他者指向が必要である

スミスについては、イシュトファン・ホントの『商業社会の政治学』という遺著で取り上げられています(2)。それによると、スミスはルソーの憐れみ（pitié）を非常に重視していて、それを通じてヒュームに足りないものを自覚していったのだそうです。ヒュームは、効用（utility）が正義（justice）を作るということを、有名な『人間本性論』の一節で述べています。スミスはしかし、utility だけで justice を作ることはできないのではないかとずっと思っていて、社会的ルールには pitié のような別の感情が必要だと考えるようになります。そのことが、スミスの『道徳感情論』における是認の複雑さや徳論につながっていくのでしょう。スミスの徳論については『道徳感情論』第六版が参照されることが多いのですが、彼は徳の問題を、道徳を論じる場合に不可欠だと考えていたはずです。そうすると、自己利益や利己主義とは異なる、他者に対する何らかの本性的な感情が重要だとスミスは考えていたはずです。これがホントのスミス論です。

つまりホントの議論では、スミスはヒューム的な功利主義とは少し異なる道徳理論を考えた。それに影響を与えたのがルソーだということになります。

ルソー――社会が利己主義を作る

一方でルソーの場合はスミスとは異なり、amour propre（利己愛・自尊心）というものが出てきます。これはよくない情念あるいは感情ですが、このよくない情念は社会を契機として出てきます。自然人には amour propre の感情はなく、amour de soi（自己愛）、つまり純粋な意味での自己保存と憐れみ（pitié）だけがある。ところがそれが、競争や競合など他者の存在や視線を通じて amour propre に変えられてしまうということになります。『社会契約論』には、ホッブズの自然状態は実は社会状態なのだという非常に有名なホッブズ批判が出てきます。ルソーは、ホッブズが自然状態に見出したエゴイズムを、自然ではなく人工と文明社会によって後から作られたものだと言ったのです。

社会というのはルソーにとっては概ねとても悪いもので、そういう意味ではヒュームと完全に表裏になっています。自然ではなく社会が利己心を作るのです。ここでの利己心は道徳性を欠いているというより、むしろ道徳心を失わせるようなものです。そうすると、道徳や社会的なモラルはどこで作られるのでしょうか。それは比較と他者への優越を煽る商業社会の無秩序な競争の外部でなければいけないことになります。ではそれがなぜ社会契約によって創出できるのかというのが、おそらくジャン・ジャック・ルソー問題なのだと思います。そこで一般意志とムルス、ムルスと市民宗教みたいな話が出てきて、人々の道徳性を涵養するという、ヒュームとは全然違った建てつけの道徳論が出てきます。当然のことなのですが、ルソーの道徳理論は利己主義を基礎とするものとは遠く隔たっており、むしろその対極にあります。

ベンサム――設計主義者は利己主義の道徳論者ではない

というわけで、以上述べてきた人たちのなかに、利己主義の道徳理論を作った人はいないと思います。

では、少し後の時代に目を向け、功利主義の祖であるベンサムはどうでしょう。ベンサムは快楽の追求を人間の自然として認めます。人は快を喜び苦を恐れるということです。ベンサムはやはりアーキテクチュアの走りといわれるだけあって、人間の自然をそのままにしておいて、社会の方をうまく設計しコントロールしてやることで、たとえばナッジで少し突ついてみたり、あとは環境犯罪学で犯罪を抑制したりといった方策の元になる構想を、多方面で述べています。ベンサムは、人間の欲望はそのままにでも社会をうまく設計すれば、モラルを作ることができるという発想に立ちます。現在では、ＡＩに社会管理してもらってＡＩが政治をするようになればうまくいくといった議論があります。そういうものの考え方は、ベンサムからまっすぐつながっているのではないかと思います。

ですので、彼の場合は、利己主義のモラルみたいなことを言っているのではなくて、人間が利己的で快楽と苦痛というものに忠実なままで、どうやったら社会をうまく回せるかという問い方になっていると思います。だからこれも、利己主義に基礎づけられた道徳理論とは言えません。

おわりに

モラルには人間の社会化が含まれると考えると、「道徳理論としての利己主義」というのは、やはり語義矛盾ではないでしょうか。思想史的に快楽主義と利己主義の間にどう関係があるかというと、先ほども言いましたが、快楽主義は利己主義とはかぎりません。自己利益を求めることが他者の利益を顧慮することにつながるという「啓蒙された利己心」という話は、ヒューム的な議論としてあります。「温和な情念」といった話もそうです。そのあたりの話を道徳理論としてどう捉えるかが、利己主義の道徳理論を認めるかどうかの核になるようにも思います。

あとは「見えざる手」の議論です。ハイエクの市場論など、まさに情報が限られたなかで個人ができるだけ自分の利益を大きくしようと思うと、期せずして全体に調和が生まれるといった話は、私は道徳理論ではないと思っています。では何なのかということになるとうまいことばが見つかりません。そもそも、道徳理論の要件が何であるのか自体が不明瞭なことに、今回思い当たりました。

最後はおまけです。最近大澤真幸さんの本を読んで、[3]やはり利己主義についてあまり単純に考えない方がいいと思ったのでお話しします。

ここには、高校生が募金活動をするという例が、心理学者の実験から紹介されています。高校生が募金活動をするときに金銭的な報酬が得られるとなると、活動に熱心ではなくなるという話です。無償の方がみながんばり、お金をもらえるとやる気をなくすわけです。これは大方の予想に反することですが、金銭的対価が得られるとそれが「労働」になってしまうからだという推測がなされています。労働として意味づけられると高校生はがっかりするのです。金銭を得る＝労働であるという意味づけは、利他的な動機を破壊してしまう。これは利己／利他とモラルというテーマに関係があると思いました。

ここから考えられるのは、人間が本来利己的だというよりは、利己主義を発動させる社会の仕組みがあるということです。その最たるものがホモ・エコノミクス的な経済システムではないかと思います。多種多様な利己主義のなかで経済動機というものが他の利己的な動機とは異なる、きわめて特別な役割を近代において果たしているので、「利己主義の道徳理論」という場合、そのあたりをどう組み込んで考えたらいいのかということです。

注

（1）森村敏己『名誉と快楽――エルヴェシウスの功利主義』法政大学出版局、一九九三年。

（2）イシュトファン・ホント『商業社会の政治学――ルソーとスミス』田中秀夫・村井明彦訳、昭和堂、二〇一九年。

（3）大澤真幸『新世紀のコミュニズムへ――資本主義の内からの脱出』ＮＨＫ出版新書、二〇二一年。

りの改訂。

四六判並製 488 頁　定価 2750 円
ISBN978-4-326-45135-7

場から法哲学の再構築に挑んだ先駆的著作。待望の新版。

四六判上製 312 頁　定価 3850 円
ISBN978-4-326-45138-8

神戸大学経済学叢書第 26 輯

少子高齢化と農業および経済発展

世代重複モデルを用いた理論的計量的研究

衣笠智子

人口減少社会が本格化している日本において、人口・農業・経済を総合的に理論・計量面でとらえることの重要性を再認識し分析する。

A5 判上製 212 頁　定価 4950 円
ISBN978-4-326-54648-0

男性学基本論文集

平山 亮・佐藤文香・兼子 歩 編

階級、セクシュアリティ、メリトクラシー、グローバリズム――「男性性はどのようにつくりあげられるのか」をめぐる必読文献を集成。

A5 判並製 376 頁　定価 3960 円
ISBN978-4-326-60366-4

1月の重版

徳倫理学基本論文集

加藤尚武・
児玉 聡 編・監訳

優れた人間が持つ性格的特徴、徳とは何か。功利主義や義務論とともに規範倫理学の一角をしめる徳倫理学。その主要論文を収録。

A5 判上製 356 頁　定価 4180 円
ISBN978-4-326-10248-8　1 版 3 刷

[増補版]
政治における合理主義

マイケル・オークショット 著
嶋津 格・森村 進ほか 訳

保守主義の要諦を説き、イギリス現代思想を支える古典となった論文集に、新たに収録された論文5編も訳し下ろし増補版として完成！

A 5 判上製 532 頁　定価 4950 円
ISBN978-4-326-30223-9　2 版 3 刷

質的研究アプローチの再検討

人文・社会科学から EBPs まで
井頭昌彦 編著

質的研究は機能しているのか。KKV 論争をふまえ分野横断的に問題提起に対する応答を整理し、社会科学方法論をアップグレードする。

A5 判上製 400 頁　定価 5500 円
ISBN978-4-326-30324-3　1 版 6 刷

絵本のなかの動物はなぜ一列に歩いているのか

空間の絵本学
矢野智司・佐々木美砂 著

絵本で動物たちは次々に出会い、列を作り、塔になり、袋に入り込む。名作を参照し、「空間構成のプロセス」という観点から検討する。

四六判上製 340 頁　定価 3080 円
ISBN978-4-326-85200-0　1 版 4 刷

おけるカトリック的伝統の再構成を事例として解明する。

A5 判上製 336 頁　定価 4400 円

ISBN978-4-326-10333-1

分析から示す。

A5 判上製 260 頁　定価 4620 円

ISBN978-4-326-10334-8

近世陶磁器貿易史

太平洋・インド洋への「陶磁の道」

野上建紀

大洋を渡った陶磁器の欠片たち。アジア・アフリカ・アメリカの考古学調査から「陶磁の道」と近世グローバル化の様相を浮び上らせる。

A5 判上製 324 頁　定価 7920 円

ISBN978-4-326-20066-5

恋愛を学問する

他者との関わり方を学ぶ

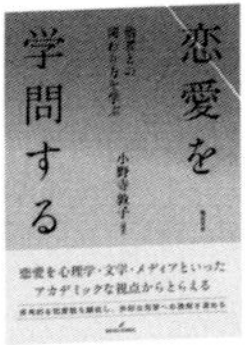

小野寺敦子 編著

恋愛が生じる心理的なメカニズム、ストーカーやDVといった負の側面、メディアと恋愛の関わりなど、恋愛を科学的に探究する。

A5 判並製 192 頁　定価 2640 円

ISBN978-4-326-25173-5

アメリカのアジア戦略史　上

建国期から 21 世紀まで

マイケル・グリーン 著
細谷雄一・森 聡 監訳

アメリカのアジア戦略の起源とは？　アメリカは大日本帝国の台頭にどう向き合ったのか？　ソ連と対峙するまでの大戦略を描く！

四六判上製 624 頁　定価 4840 円

ISBN978-4-326-35190-9

アメリカのアジア戦略史　下

建国期から 21 世紀まで

マイケル・グリーン 著
細谷雄一・森 聡 監訳

アメリカはアジアの共産主義に敗北したのか？　冷戦後の中国台頭になぜ翻弄されたのか？　米中対立が本格化するまでの大戦略を描く！

四六判上製 528 頁　定価 4400 円

ISBN978-4-326-35191-6

道徳理論としての利己主義と合致の問題

押谷　健

はじめに――道徳理論と利己主義

本稿の目的は、「道徳理論としての利己主義」の妥当性を検討することです。しかし、利己主義を「道徳理論として」考えるとは、そもそもどういうことでしょうか。

ここでいう「道徳」とは、人間であれば誰しもが従うべき理由を持ち、従わなければとりわけ深刻な非難に値するような、重要な規範として定義できます。このような意味での「道徳」についての「理論」は、少なくとも、次の二つの疑問に答える必要があります。第一の問いは、道徳の規範とは何を指令するか、道徳的な判断とは何についての判断なのか、という「内容の問い（the question of content）」です。第二の問いは、われわれは、なぜ道徳の規範に従う理由があるのか、それはどのような理由なのか、という道徳の「権威の問い（the question of authority）」ないし「規範性の問い（the question of normativity）」です。[1] つまり道徳理論とは、道徳的規範がどのような内容を持つのか、を説明する必要があり、かつそのような説明は同時に、われわれはなぜそうした規範に従うべきなのかを明らかにするものでなければならない、ということができます。

以上をふまえるならば、「道徳理論としての利己主義」とは、「自己利益（self-interest）」の観念に訴えることで、内容の問いと規範性の問いの両方に答えようとする立場として理解できます。こうした立場を「道徳的利己主義（moral egoism）」と呼ぶことにします。したがって、冒頭で述べた本稿の目標は、このような仕方で理解された道徳的利己主義が果たして説得力のある立場であるかを検証することにある、と言い換えることができます。

本稿の主な主張を先取りするならば、次の二つに要約できます。第一に、道徳的利己主義は上述の問いに対する説得的な解答を提供しえないため、支持することができないと考えます。このことを示すのが本稿の一つ目のねらいです。しかし、道徳的利己主義がなぜこれらの問いに十分に答えることができないのかを検討することは、翻って、どのような道徳理論であればこれらの問いに答えうるのかについて考える手がかりとなります。そこで本稿の最後では、道徳的利己主義の失敗をふまえつつ、T・M・スキャンロンの契約主義倫理学がそれに代わる有望な道徳理論となりうることを示します。これが本稿の二つ目のねらいとなります。

道徳的利己主義とその問題点

「道徳理論としての利己主義」というのは、一見すると語義矛盾に感じられるかもしれません。自分ではなく、他人のためになることをするのが道徳である、というのは当然の考えのように思われます。しかし、利己主義に基づく道徳の説明を退けることは、じつはそう簡単ではありません。なぜなら利己主義は、前述の二つの問いに対して一定の説得力を持つ解答を提示できると考えられてきたからです。

それでは道徳的利己主義は、道徳の内容の問いと規範性の問いに対して、どのような解答を与えるのでしょうか。まず内容の問いに対して、道徳的利己主義は、それぞれの個人に対して自身の自己利益を最大限促進することを要請する規範として道徳的規範を理解します。また、なぜこのような規範に従う理由を人々は持つかという規範性の問いに対しては、自己利益を追求することの合理性に訴えることで答えます。つまり、ある行為が合理的であるといえるのは、その行為が自己利益を促進する場合に限られる、という考え方に依拠します。この後者の主張は、道徳ではなく合理性に関するものであるため、道徳的利己主義と区別し、「合理的利己主義（rational egoism）」と呼ぶことができます[2]。

このように理解された道徳的利己主義の強みは、一見すると「規範性の問い」に対する強固な解答を与えることができるように見える点にあります。もし道徳的利己主義が主張するように、道徳的行為とは自己利益を促進する行為であり、かつ合理的利己主義が主張するように、自己利益を促進することが誰にとっても合理的であるとするならば、合理的であろうとする人は誰しも、道徳的利己主義に従うべきであるということができるからです。

しかし、よくよく考えてみると、道徳的利己主義には問題があることがわかります。というのも、合理的利己主義は偽だからです。人は自己利益を促進する理由には還元されえないさまざまな理由を有しており、たとえ自己利益に反してでもこれらの理由に従って行為することは、場合によっては合理的でありえます。

こうした自己利益に基づく理由に還元されえない理由の例として、家族や友人との関係性から派生する理由を挙げることができます(3)。われわれは通常、友人のことを気遣ったり、友人の成功を願ったりする理由があると考えます。これらの理由を、自己利益のみに基づいて説明することは困難です。たとえば私が病気の友人をお見舞いに行くとき、「友人と会うことは私にとって快いから」といった、純粋に利己的な理由だけからそうすると考えるのは奇妙です(4)。むしろ、仮に自分の自己利益に反してでも、わざわざお見舞いに行くことこそが善い友人である、とさえいえるかもしれません。この場合、私を動かしているのは、「彼は私の友人であり、彼は私を必要としている」という、自己利益に基づく理由には還元されえない「独自の（sui generis）」理由であるように思われます(5)。

仮に合理的利己主義が偽であるならば、われわれには道徳的利己主義を受容する合理的な理由があるという主張は疑わしいものとなります。というのも、もし自己利益を犠牲にしてでも、友情などの関係に基づく理由に従うことが合理的である場合があり、かつ道徳は常に自己利益を促進することを要請するとしたならば、道徳はしばしば理性に反することをわれわれに要請することになるからです(6)。さらにいえば、もし自己利益に従うことが道徳的に要求されるのであれば、自己利益に反してでも親密な人の利益を優先したりすることは、道徳的な非難に値することになりますが、これはにわかには受け入れがたい結論です(7)。これらの理由から、道徳的利己主義は「道徳理論」として説得力を欠いた立場であるといえます。

道徳的利他主義の限界

これまで、道徳的利己主義による道徳的規範の説明は、道徳的な要求の規範性を説明できない点を指摘してきました。それでは、道徳的利己主義以外にどのような立場がありうるでしょうか。すぐに思い浮かぶのは、「道徳的利他主義（moral altruism）」です。ところが以下で示すように、実はある自然な仕方で理解された道徳的利他主義は、道徳的利己主義と同様の理論的な問題に直面します。

ここでいう道徳的利他主義とは、道徳的な規範の内容を、何らかの意味で他者の利益に関心を払うことを要請するものとして理解する立場である、とすることができます。では、ここでいう他者とは、誰のことでしょうか。自分の家族や友人、同胞国民の利益には関心を持つが、それ以外の人にはそれほど関心を持たない人も、厳密にいえば利他的に振る舞っているということもできますが、われわれは通常、そのような人は道徳的に行為しているとはみなしません。むしろ、道徳とは、自分や自分と近しい人々に限らず、すべての他者に対して等しく関心を払うことを要請する、とした方が直観にかなっているのではないでしょうか。

このように理解された道徳的利他主義は、属性や場所に関わらず、あらゆる人々に対して等しく関心を払うことを求める点で、ある種の「不偏的な配慮（impartial concern）」を要請する立場とみなすことができます。しかし、ここでいう不偏的な配慮とは、われわれに具体的に何を求めるのでしょうか。一つの有力な答えは、不偏的な配慮を功利主義的に理解するという立場です。功利主義によれば、道徳が要請する不偏的な配慮は、すべての個人の利益を等しく促進することを求めます。また、そのためには各人の利益を足し合わせ、その総和を最大化するべきであると、功利主義者は主張します。

ところが興味深いことに、功利主義的に解釈された道徳的利他主義は、道徳的利己主義と同様の困難に直面します。つまり、道徳的な義務が有する規範性を説明できないという問題です[8]。われわれには功利主義的に理解された道徳の規範に常に従って生きる理由があるといえるためには、われわれには常に他者の利益を最大限促進するよう行為する理由がある、といえなければなりません。実際、功利主義によれば、自分の人生のすべてを利他的な目標の達成のために最適化することが——少なくとも道徳的な観点からは——望ましいということになります[9]。しかし、すでに見たように、われわれは他者の利益を等しく促進すること以外にも、自己利益や、自分に近しい家族や友人との特別な関係性を大切にすることなどといった、さまざまな価値や目標を、それ自体として尊重や追求に値するものとしてみなしています。そして、功利主義的に生きることと、これらの価値や目標を追求することが対立したとき、後者を選択することが合理的でありうるように思われます。

善の多元性と「合致の問題」

以上の議論から、道徳的利己主義であれ、道徳的利他主義としての功利主義であれ、いずれも道徳の「規範性の問い」への十分な解答を提示できないと結論することができます。では、これらの道徳理論はなぜ、このような困難に行き当たるのでしょうか。その理由として、いずれの道徳理論も、自己利益や人類全体の幸福など、ある特定の一つの価値こそが道徳的に重要であるとみなしたうえで、そのような価値の最大化を要求するという目的論的な構造を有している点が挙げられます。

両者が抱える問題をより具体的に述べるならば、次のようになります。道徳的利己主義も功利主義も、自己の利益や人類全体の幸福など、ある特定の一つの価値の促進を要求するものとして、道徳的な規範を理解する点では一致しています。しかし、われわれは自己利益や人類全体の幸福以外にも、多様な善――追求するに値する目標や価値――にコミットしています。そうした目標や価値には、たとえば家族や友情などの関係性を形成し維持することなどが含まれます。こうした多様な目標や価値がわれわれに与える理由は、純粋に利己主義な理由とも、また純粋に利他主義な理由とも、しばしば対立します。したがって、道徳的利己主義（あるいは道徳的利他主義）が正しいと仮定した場合、道徳がその促進を指令する目標や価値と、その他の重要な目標や価値とが対立した際に、なぜ道徳を選ぶべきであるのかが明らかではないという問題が生じます[10]。

言い換えれば、道徳の規範性の問いに答えるためには、道徳の要請と、それ自体として追求するに値するその他の目標や価値の要請を、各人の人生のなかでそれぞれ適切に尊重して生きることが、いかにして可能であるのかという問いに答える必要があります。ジョン・ロールズの用語にならい、これを道徳とその他の価値の「合致の問題（the problem of congruence）」と呼ぶことにします[11]。道徳的利己主義も、道徳的利他主義としての功利主義も、この「合致の問題」に対して十分に答えることができないため、道徳の規範性を説明できないという困難を抱えているということになります。

不偏的な配慮の再解釈——スキャンロンの契約主義

これまで、道徳的利己主義も道徳的利他主義も、道徳の「規範性の問い」に十分に答えることができないと論じてきました。この問題に対する一つの対応策は、道徳的に行為することは必ずしも合理的ではない点を認めてしまうことです[12]。もう一つの対応策は、これらの道徳理論の失敗を手がかりとしつつ、合致の問題に答えられる別の理論の可能性を模索することです。

以下では、この後者の方向性を取る立場として、スキャンロンらの契約主義を検討していきたいと思います。契約主義は、功利主義と同様に、道徳的規範の内容を、他者へのある種の「不偏的な配慮」を要請するものとして解釈します。ただし契約主義によれば、こうした不偏的な配慮とは、すべての人々の利益を等しく促進することを要求するのではなく、すべての個人に対して理にかなった仕方で正当化可能な原理に基づいて、各人を取り扱うことを要求します。そして、なぜ道徳的な規範に従うべきであるかという規範性の問いに対しては、そのような仕方で他者を配慮する理由がわれわれにはあるからである、と答えます[13]。

ここで契約主義と、利己主義や功利主義とでは、その前提とする合理性（ないし合理的な人格）の捉え方が異なる点に注意が必要です。契約主義によれば、合理的な人格とは、ある特定の価値の最大化を目指すような存在ではなく、多種多様な価値や目標にコミットし、それに従って人生を生きる能力を有する個人であるとされます。そうした価値や目標には、他者を不偏的に配慮することに加えて、自己の利益を追求することや、家族や友人に特別な配慮を払うことなども含まれます。契約主義者は道徳の規範を、このような意味での合理性を備えたすべての人格に対して、理にかなった仕方で正当化可能な規範として理解します。さらに、このような規範に従って各人を取り扱うことは同時に、各人の合理性への相応の「尊重（respect）」を表現することでもあると主張します。[14]

以上をふまえたうえで、契約主義にとっての「合致の問い」とは、次のように理解できます。すなわち、理にかなった相互正当化の要求と、合理的な人格がそれ自体として追求するに値するとみなすその他の目標や価値を、各人の人生のなかにおいていかに統合させることができるか、という問題です。[15]

この問題に対する契約主義者の応答は、少なくとも二つの戦略に分けることができます。

第一に、契約主義者は、どのような道徳的規範であればすべての人々に対して理にかなった仕方で正当化可能であるかは、各個人が有する諸々の理由を考慮して決まる点を指摘します。すでに述べたように、道徳理論としての契約主義は、あらゆる個人を、多様な価値や目標を追求する合理的な人格として尊重することを要請します。より厳密にいえば、道徳の規範は、ひとりひとりの個人が――他の人々が、同様に自身が重視する価値や目標に従って生きることと整合する範囲で――自らが重視する価値や目標に従って生きることを、最大限可能とするものでなければならないとします。逆に、そのような余地を残さないような過剰な要求は、理にかなった仕方で拒絶できることになります。[16]

第二に、契約主義者は、人間にとって追求するに値する目標や価値の多くは、他者と協働して実現するものであるという事実を強調します。たとえば、友情という関係性は、友人と二人で協力し維持していくべき実践である点で、ある種の「共同の活動（joint activity）」であるといえます[17]。そして、他者とこうした共同の活動を遂行するためには、そうした他者を自身と同じ合理的人格として認識し、尊重することが求められます。互いに対してこのような尊重を欠いた者同士の間では、友情のような協働的な関係は成り立ちえません。こうした意味において、契約主義的に理解された道徳の観点と個人の善の観点は、しばしば対立するというよりも、相互に前提としあい、修正しあう関係にあると、契約主義者は主張します[18]。

　もちろん、上記のような契約主義者の議論が成功すると仮定しても、道徳の要求と、合理的な人格にとって追求に値するその他の価値や目標が衝突する可能性を完全に排除することはできないでしょう[19]。それでも道徳理論としての契約主義は、こうした善の多元性を認めつつも、なぜ不偏的な配慮と個人にとっての善とが、少なくとも通常は合致するのかを説明する、一つのモデルを提示しているといえます。

おわりに

　本稿で指摘したように、道徳的利己主義は、規範性の問いに答えることができないため、道徳理論としての説得力を欠いているといえます。むしろ必要なのは、自己の利益を含むがそれに限られないさまざまな個人的な価値や目標と、不偏的な配慮を求める道徳的な価値や目標とを、統合的に理解できるような道徳の構想です。そして、そうした合致の可能性を論証する立場として、契約主義が一つの有望な代替案となりうると考えられます。

【付記】本稿はJSPS科研費JP23K18601および上廣倫理財団の助成を受けた研究成果の一部である。

注

（1）T.M. Scanlon, *What We Owe to Each Other*, Cambridge, Mass.: Harvard University Press, 1998, p.350を参照。

（2）Kurt Baier, “Egoism,” in Peter Singer (ed.), *A Companion to Ethics*, Wiley-Blackwell, 1990, p.201; Russ Shafer-Landau, *The Fundamentals of Ethics*, Fifth Edition, Oxford University Press, 2017, p.110を参照。

（3）Samuel Scheffler, "Projects, Relationships, and Reasons," in *Reason and Value: Themes from the Moral Philosophy of Joseph Raz*, ed. Jay Wallace, Philip Pettit, Samuel Scheffler, and Michael Smith, Oxford: Oxford University Press, 2004.

（4）Michael Stocker, “The schizophrenia of modern ethical theories,” *Journal of Philosophy* 73 (14), 1976, pp.456-458.

（5）R. Jay Wallace, “I—Duties of Love,” *Aristotelian Society Supplementary Volume*, vol. 86, no. 1, p.183.

（6）もちろん友情の理由に従うことも、広義の意味での自己利益に含むことも可能ですが、その場合、道徳的利己主義はほとんど「内容」をもたない空虚な理論となってしまいます。

（7）これは重田さんのご報告でも指摘されている点です。

（8）Paul Hurley, *Beyond Consequentialism*, New York: Oxford University Press, 2009, pp.3-6.

（9）Susan Wolf, “Moral Saints,” in *The Variety of Values: Essays on Morality, Meaning, and Love*, New York: Oxford University press, 2015, p.12を参照。また、Larissa MacFarquhar, *Strangers Drowning: Grappling with Impossible Idealism, Drastic Choices, and the Overpowering Urge to Help*, New York: Penguin Press, 2015では、実際にそのような利他的な理想に従って人生を送ることを選択した人々が紹介されています。

（10）より洗練された帰結主義であれば、こうした問題を回避できるとする議論として、Peter Railton, “Alienation,

Consequentialism, and the Demands of Morality" in *Consequentialism and its Critics*, ed. Samuel Scheffler, New York: Oxford University Press, 1988 を参照。

(11)「合致」の観念については、John Rawls, *A Theory of Justice: Revised Edition*, Cambridge, Mass.: 1999, pp.496-497; Samuel Scheffler, "Potential congruence," in *Morality and Self-Interest*, ed. Paul Bloomfield, New York: Oxford University Press, 2007, p.118 を参照。

(12) David Sobel, "The Impotence of the Demandingness Objection," *Philosopher's Imprint* 7, no. 8, 2007, pp.1-17.

(13) Scanlon, *What We Owe to Each Other*, pp.162-163.

(14) Scanlon, *What We Owe to Each Other*, pp.105-106.

(15) Thomas Nagel, *Equality and Partiality*, New York: Oxford University Press, 1991, pp.37-38.

(16) Scanlon, *What We Owe to Each Other*, pp.160-161.

(17) Stephen Darwall, "Responsibility within Relations," in *Honor, History, and Relationship: Essays in Second-Personal Ethics* II, New York: Oxford University Press, 2013, pp.98-101.

(18) Scanlon, *What We Owe to Each Other*, pp.163-164, Mark Lebar, "Virtue ethics and deontic constraints," *Ethics* 119, no. 4, 2009, pp.652-653.

(19) Ken Oshitani, "Contractualism and the Moral Point of View," *Ethical Theory and Moral Practice* 25, no. 4, 2022, pp.681-682.

◆パネルディスカッション

重田園江
×
押谷　健
×
宇野重規
×
加藤　晋

利己主義は道徳理論になりえないのか

宇野　お二人の報告はいずれも豊かな内容で非常に面白くうかがいました。どちらも「道徳理論としての利己主義」というタイトルが本当に妥当なのかどうかを問い直すような議論であることも印象的でした。

まず重田さんにうかがいます。利己主義は道徳理論たり得ないというのが重田さんの主張だったと思うのですけれども、本当にそうなのでしょうか。今日ご紹介になられた議論でも、たとえば名誉は、自己利益の対象を社会的に価値のあるものに誘導するものです。あるいは、私が研究しているトクヴィルは、「intérêt bien entendu（正しく理解された自己利益）」ということを言っています。つまり、自己利益の言説は狭く取ると非常に破壊的かもしれないけれども、より長期的な視点に立ち、さらに他者の立場を織り込むことによって、ある種の道徳たり得るという立場に立っていました。この種の、自己利益の言説を何らかの形で道徳へと結びつけていこうとする知的営みはいろいろとあったと思いますが、それでもなお、利己主義は道徳理論たり得ないのであれば、その理由は何であるかをお聞かせください。

重田　いまの話にあったように、報告で取り上げた議論も含めて、自己利益を出発点とする道徳理論はもちろんたくさんあります。けれどもそういった道徳理論は、ヒュームが典型的ですが、自己利益が社会性を帯びたものにどんどん変質していくんです。それこそ「intérêt bien entendu」は「物分かりのいい利益」になっていくということですよね。おそらく一九世紀のトクヴィルあたりまでの思想家たちは、自己利益から出発しながらも人間が社会性を帯びていくことで、議論のステージが変わると理解していたのではないかと思います。

　つまり一八世紀以降、利己主義は道徳理論の出発点として非常に見慣れたものになっていますが、ヒュームにしろ、スミスにしろ、利己主義自体が道徳理論であるというより、社会性の観点が出てきたときにステージが変わっている、というのが私の取りたい解釈です。

　ところが現代ではこの二〇年くらい、個人主義の道徳理論が隆盛してきたことで、利己か利他かという二分法で道徳を捉える傾向が強くなっています。利己か利他かという二分法は、非常に狭い個人主義の文法を前提にしています。しかもその前提がそもそも何に依拠するのかを問われることはなく、当然のごとくに共有されてしまっている。でも、その前提自体が何に依拠するのか、言い換えれば何か別の狭い条件設定に依存しているのではないかということを、やはり考えなければいけません。

加藤　我が身を振り返った際、自己利益抜きの人生というのはあり得ないと思うんです。個人の行動の規範原理という場合、おそらく、多くの人にとって自己利益は最も重要なものです。それは経済生活だけではなく、政治的な行為や社会生活、家族との生活の中でも——もちろん家族のことはケアしますが——、根本的な理由を与えるものの一つになっていると思います。重田さんが言われたように、もちろん社会化という側面はあるにせよ、その出発点としての自己利益は道徳理論として一つ認めた方がいいのではないでしょうか。

僕自身の立場は、ある行為が道徳的であるならば、何らかの自己利益に対する関心がなければならないというものです。つまり自己利益は十分条件ではないけれども、必要条件なのではないでしょうか。

重田　自己利益抜きの人生はあり得ないというのは、当然そうです。自己利益抜きで生きている人なんてどこにもいません。だから出発点として自己利益があるのは当然なわけです。

ただ、それが「人間の自然」だと考えるのは一八世紀以降のことであって、一七世紀には全然違っていたと思います。一七世紀に、人は自己利益によって生きると認めることは本当に衝撃的で、ホッブズなどはトンデモないことを公言する哲学者でした。ですから自己利益が当然の前提になったのは一八世紀以降でしかなく、私たちが自己利益を最優先するのは当然だと認めるのも、ある特定の時代の中に生きているからそのように思うわけです。

思想史の面白さの一つは、現在とは考え方がまったくちがう時代や社会があるとわかることです。逆に一八世紀以降は、出発点として自己利益を置くことが当然になりました。ルソーだって社会理論の出発点は自己利益に置いています。そうではない思想には現実味がなくなってしまった。けれども、だからこそ、出発点として自己利益を置いた後、それをどのような形で各思想家がそうではないものに変形させていくかが面白いんです。

宇野　加藤さんも重田さんも、出発点として自己利益があると考える点は共通していますね。

そのうえで重田さんは、自己利益がいかに歴史的なものかという点に力点があるのに対して、加藤さんの場合は、およそ道徳的なものの出発点には自己利益がなければいけないと、時間を超えた理論として議論されている。けれども重田さんの議論からすると、自己利益はそれこそ一八世紀あたりにつくられたものであって、歴史を超えて常に妥当するものではないわけですね。

ただ、仮に一八世紀に自己利益が非常に大きな存在になったとすると、結局その後の理論は、自己利益をどうやって社会性の方に持っていくかという方向の議論になるわけです。そうなってくると、重田さんと加藤さんの議論はそこまで対立するのでしょうか。つまり、社会性をいっさい否定して自己利益だけで道徳理論になるという議論があれば対立するのですが、結局は自己利益を認めた上で、何らかの社会性に媒介するという方向では、お二人の議論はそこまで決定的に対立していないように感じます。

自己利益の理由と道徳の理由を結びつけるのはなぜか

宇野　今度は押谷さんに質問します。私も友情というテーマには大きな関心を持っています。たとえばキケロの『友情について』では、自己利益を入れてはいけないのですね。自己利益から離れているからこそ、友情には意味があるのだというわけです。

押谷さんの場合は、自己利益の理由と道徳の理由は直ちに結びつかず、両者は独立していると言いつつも、少なくとも一つの理由として合致することはあるという形で結びつけようとしています。ここからが質問ですが、自己利益の理由と道徳の理由は本来独立しているのだから、結局結びつかないという議論も可能だと思うのですけれども、あえて、合致し得るという議論に持っていくのはなぜでしょうか。

押谷　友情には自己利益に還元しえない部分があるという点は、私ももちろん同意します。ただ、友情は自己利益から完全に切り離された義務や制約を課してくると考える場合、そういう義務や制約が、いわば私の外部から、自己利益とまったく無関係な要請をしてくると考える必要があります。しかし、それは変な気がするわけです。

　道徳についても同様です。道徳というものが、他者への義務や利他性の発揮を要請するのはもちろんですが、そのように考えた場合に、そもそもなぜそのような道徳的規範に従う必要があるのかという問いが生じます。単なる慣習による刷り込みのように、自分の善の観点からみて完全に外在的な要請として道徳的義務を捉えるのは問題があるわけです。

　そこで、人間は他者に配慮する道徳な理由もあるけれど、利己的な理由を含む、さまざまな別の理由もあり、それぞれの理由が、私はどう生きるべきかという観点から整合的に是認されなければならないというのが、今回の発表で述べたかったことです。各人の善の構想の観点から、互いに異なる共約不可能な理由を統合的に解釈することが大事だというのが私の考えです。

宇野　私も、自己利益を全部排除しなければ友情ではないという立場ではまったくないので、おっしゃることは非常によくわかります。そして、道徳というものが自己利益を完全に排除して外在的に来るとするのは変だと思う、というご発言も興味深く受け取りました。

洗練された利己主義

加藤　利己主義の捉え方について質問します。

たとえば、功利主義には規則功利主義という考え方があります。規則功利主義とは、一つ一つの行為ではなく、行為を定める「ルール」について功利主義を適用しようとする立場です。たとえば、「嘘をついてはいけない」というのは典型的なルールの一つですが、個別の嘘ではなく、このようなルールが総効用にどの程度寄与するかを考えるのが規則功利主義です。通常、利己主義は行為について考えますが、ルールについて適用し、規則利己主義という考え方を使うと、利己主義だけでも道徳に結びつけられる可能性が出てこないでしょうか。

　ゲーム理論では繰り返しゲームというものがあります。「囚人のジレンマ」や「万人の万人に対する闘争」に近いような状況にあるときには裏切り行為をする誘因があります。これを防ぐ方法として、長期的に繰り返し出会う状況を考えることで、自分の利益のために相手を裏切らないというものが考えられます。これは長期的関係の中で、相手が一度でも裏切ったらもう二度と協力し合わないのですから、裏切らないという行為を自己利益に結びつけていくことになると思います。

　こういうものを、規則利己主義の一つの形態と考えることができるのではないでしょうか。そうすれば、利己主義は道徳理論の基礎になりえるし、一定程度まで利己主義に還元できたりするのではないかとすら感じるのですが、押谷さんはどのようにお考えでしょうか。

押谷　今回の発表を用意しているときに、その点も考えていました。加藤さんがおっしゃるように、より洗練された道徳的利己主義という考え方はありえます。たとえばデイビッド・ゴティエ（David Gauthier）のように、現代の倫理学の文脈にホッブズ主義を当てはめている人たちの立場をそのように理解することも可能かもしれません(1)。

それに対して私自身は、洗練された功利主義に対してこれまで提起されてきたものと同様の批判が、そのまま洗練された利己主義にも当てはまると考えています。

たとえばなぜ約束を守るのかとか、なぜ友だちを大事にするのかというときに、そこには何か「理由」なり「根拠」なりがあるはずです。その理由や根拠は自己利益には完全に還元しきれないようにわれわれには思われます。なぜ約束を守るのかというと、やはり「約束をしたから」という事実がそれ自体重要であるようにわれわれは通常考えます。だからこそ、自分の自己利益にまったくならないような場面でも、友人への義務や約束は、それ自体としてある種の規範性を持つと考えるわけです。

あるいは、死者との約束のように、約束を自分が破ったことを誰も気づかないような状況でもなぜ約束は守られるべきかという問題が挙げられます。こうしたケースは、約束したという事実そのものに規範性が宿っていると考えないとなかなか説明できません。

そこで洗練された功利主義者は、道徳を二層的に考えてみてはどうかということになってくるわけですね。すなわち直観的なレベルでは、約束自体にある種の規範性が宿っていると考えることが求められるが、しかしそれはより高次のレベルでは功利主義的に正当化可能であるといった説明ができるのではないかというわけです。

こうした功利主義者に対し、たとえばマイケル・ストッカー（Michael Stocker）という哲学者が批判を投げかけています。簡単に言えば、そのような二層化された動機づけみたいなものを人が持てるのだろうか、それは心理的に大きな負荷になるようなことを要請しているのではないか、という批判です。より厳密にいえば、自分の行為の動機と、それを正当化している理由が合致している状態のほうがより規範的に望ましいのではないかという批判です[2]。

同様の批判は、約束や友情というものを、自己利益に完全に還元するようなタイプの洗練された利己主義にも当てはまると思っています。

普遍的な道徳理論の問題点

加藤　ただ、押谷さんが説明してくれた契約論だと、どうしてもトピックごとの対応を迫られることにならないでしょうか。友情や約束、許しなど、私たちが他者と関係する場面ごとに、特殊な取り扱いが求められるので、ユニバーサルな原理にならないような気がしてしまいます。複数の適切な理由を合致させるという主張はわかるのですけれど、その複数の理由のチョイスが場面場面で変わるとすると、それ自体が心理的な負荷になってしまう気がするのですが。

押谷　それは理論に何を求めるかという問題だと思います。加藤さんがおっしゃるのは、ある種の基礎づけ主義的な発想ですよね。あらゆる実践的問題を一つのユニバーサルな原理に裁いてもらうという。それに対して、ヘンリー・リチャードソン（Henry Richardson）という倫理学者は、そういうユニバーサルな原理をトップダウンに「適用（apply）」して結論を導くことはできないし、望ましくもない――あくまでも個別の場面の中で原理が何を指令するかを「解釈・具体化（specify）」しながら推論していくしかないという議論を展開しています[3]。私の議論も、より高次の原理を上から当てはめていくことで実践的問題を解決しようとすることは、望ましくもないし、現実的でもないという発想に乗っていることは確かです。

これが意思決定の方法として負荷が高いと言われたらそれまでかもしれないのですけれど、逆に、本来は複雑で難しい問題を理論の要請によって単純化していくことが望ましいのでしょうか。そうした単純化をしていったところで、そういう理論がわれわれの現実の複雑な問題に対して、逆にどこまで正しい答えを導いているのかということが問われてくるのではないかと思います。

重田　今の押谷さんの話には納得しました。場面によって対応が違わないユニバーサルな道徳の基準を強いられることの負荷は大変大きくもあり、また恐ろしいことでもあると思います。

それから、加藤さんの発言にあった長期的利益という話は、ヒュームも持ち出しています。つまり損をしているようでも、長期的に考えたら利益になると思うからコンベンションができていくということを説明しようとするわけです。でも見方を変えると、現在は利他的に見えていることも、長期的には利己心を満足させるのだと言ってしまったら、どんなことだってそのように言えてしまうという点もあります。

そもそも長期的利益なんて、人間にはかなりわからないですよね。たとえば新型コロナワクチンを打つこと一つとっても、長期的に見て、人体にどんな影響をもたらすかはまったく分からないと言われています。じつはこれとよく似た議論を、一八世紀に起きた種痘論争でもやっているんです。種痘が有効だということがすでにある程度わかっている時代ですから、「種痘なんかやったら死んでしまうかもしれない」と言ってためらっている人は保守的だと思ったりする反面、特にまだ人痘が使われていた時代には、種痘で実際に死んだ人もたくさんいました。それにくわえて、これから一〇年、二〇年たったときにどんな影響があるかわからないという恐怖は、まさに今、私たちがワクチンに対して抱いている恐怖心と近いわけです。

　だから、長期的利益に基づいて考えることも一つの選択だけれども、わからないままに長期的利益を計算しているところもあるので、長期的利益でみんながコンベンションの方に向かうかどうかは定かではありません。リスクと信念の関係は一対一対応をまったくしていないので（ヒューリスティックス・アンド・バイアス）、簡単にコンベンションに収斂するとは思えないんですね。

　このことは数学と実存は違っているということでもあります。リスク論からいったらこういう行為が正しいのに、そうではない行為をみんながするということもあるでしょう。でも、そもそもリスクを測ることができないような問題が世の中にはあまりにも多いから、長期的利益論には疑問を感じるんです。

ロールズの原初状態をどう読むか

加藤　経済学でもリスクの取り扱いは広く関心を集めています。その中でも興味深いのはフランク・ナイト（Frank Knight）の指摘です。ナイトによると、企業における意思決定では、特定の事象がどの程度の確率で発生するかを知ることなく行なわれています[4]。だからこそ企業／企業家が必要になるというのがナイトの不確実性論のポイントですが、パンデミックの中でワクチンを打つかどうかという選択も、同じような不確実性を含んでいます。
　実は、確率分布が分からないような不確実性のことを「ナイト流の不確実性」と言ったりしますが、最近の政治哲学では、そういうフレームワークをロールズの議論に結びつけていくという流れもあります。

この点で押谷さんにうかがいたいのですが、ロールズは通常だと、無知のヴェールを被らせた人間の自己利益に還元して、正義の原理の選択をするという手続きをやっていくという形で理解されます。押谷さんの議論では、スキャンロンとロールズを並べて説明していましたけれども、ロールズ的な契約論は、広い意味ではかなり自己利益を中核に据えているところがあるのではないでしょうか。

押谷　スキャンロンは「契約論と功利主義」という論文で、ロールズにとって、原初状態の議論はそこまで本質的ではないという話をしていて、それはロールズの読み方としてはある程度妥当であると私自身は思っています[5]。

　確かに原初状態において、利己的な当事者の間の合意を重視する側面がロールズの議論にあるというのは、おっしゃるとおりです。ただそれ自体は、一つの表象の装置に過ぎません。その背景には、適理的であると同時に合理的でもある正義感覚を持っている市民の間の関係性、今回の話だと相互に道徳的な正当化を負い合う関係性にコミットしている道徳的人格の観点のようなものがあります。そしてロールズの、正義論以外の議論なども加味した場合、原初状態の当事者の観点よりも、そういった関係性に立つ人格の観点の方が基底的だと読んだほうが適切だといえると思います。

　また、ロールズの議論は、原初状態からの論証だけを見ると、普遍的な原理を個別の事例に当てはめるようなトップダウン式のモデルを取っているように見えるかもしれませんが、それは反省的均衡という、より整合説的な枠組みの中に位置づけられているということにもなっているわけです。ですから、私の論考にあるようなアプローチも、ロールズとスキャンロンに共通しているところを切り出しているといえるように思います。

宇野　刺激的な議論をありがとうございます。ディスカッションを通じても、「道徳理論としての自己利益」というテーマ設定が問題含みであることが浮き彫りになったと感じています。「そもそも道徳とは何か」という議論をふまえなければならないし、ユニバーサリティの問題もそこに関わってくるものです。

その意味では、ミスリーディングなテーマ設定だったかもしれませんが、このテーマ設定だからこそ、深みのあるディスカッションが展開されたような気がしています。

加藤さんを含めて三者の間にどこまで違いがあるのかというのは、評価の分かれるところでしょうけど、少なくとも本書の報告でお二人は、自己利益と道徳の間の独立性あるいは緊張性をふまえた上で、重田さんは社会的なものを強調されましたし、押谷さんは実践理性の主体として、その両者の要請をいかに統合していくかという視点から議論していただきました。とても楽しく、刺激に満ちた議論でした。

注

（1）Gauther, David (1986), *Morals by Agreement*. Oxford University Press.〔デイヴィッド・ゴティエ『合意による道徳』小林公訳、木鐸社、一九九九年〕

（2）Stocker, Michael (1976), “The schizophrenia of modern ethical theories”, *Journal of Philosophy* 73 (14), pp.453-466.

（3）Richardson, Henry (1990), “Specifying Norms as a Way to Resolve Concrete Ethical Problems”, *Philosophy and Public Affairs*, 19 (4), pp.279-310.

（4）フランク・H・ナイト『リスク、不確実性、利潤』桂木隆夫・佐藤方宣・太子堂正称訳、筑摩書房、二〇二一年。

（5）Scanlon, T.M. (2003), "Contractualism and Utilitarianism," In his *The Difficulty of Tolerance*. Cambridge University Press.

第４回
リベラリズムの歴史を考える

リベラリズムとは何でしょうか。「リベラル」という言葉の起源を考えると、ラテン語の liber／liberalis／liberalitas に遡ることができます。これらは、「自由な」、「寛大な」、あるいは「自由人の地位にある者にふさわしい」を意味する形容詞でした。これらの言葉は一九世紀になって、大きく転換します。「イデオロギー」の時代にあって、「リベラリズム」は一つの政治用語になりました。政治的党派を示す言葉としての最初の用例は、ナポレオン戦争期のスペインにあったとされます。

「リベラリズム」という言葉の指し示す内容についても歴史的に大きく変化していきます。しばしば、個人の自由と小さな政府を強調する古典的リベラリズムと、社会正義を実現するために政府の積極的な役割を重視する現代リベラリズムという対比が強調されます。さらに、「大きな政府」による個人や市場への介入を批判して、個人の自由や市場原理を再評価するものとしてのネオ・リベラリズムにも注目が集まることになりました。

現在ではさらに文化的多様性やＬＧＢＴＱなど少数派の権利の擁護を示す言葉として「リベラル」が使われる場合も目立ちます。この言葉がもともと意味した「寛大な」に由来する、精神的な寛容性こそを「リベラリズム」の根幹に見出すことも可能です。

このように歴史的に大きく意味内容を変化させてきた「リベラリズム」ですが、一つ間違えばまったく異なる理解に基づく議論の結果、混乱や誤解を生み出す危険性もあります。かといって、唯一正しいリベラリズムの定義を確定することも困難です。それでは現代において、どのようにリベラリズムを論ずるのが適切なのでしょうか。第４回はリベラリズムを歴史的な視座から考えます。

リベラリズムはどのように理解可能か——三つの方法の紹介

馬路智仁

はじめに

リベラリズムとは一体何でしょうか。それは、個人の自由・平等、多様性、およびそれらを保障する民主的制度や立憲主義を擁護する思想のパラダイムであると一般的に語られます。また、その歴史はよく三段階に分けられます。リベラリズムは、個人の財産権と経済活動の自由を重視する古典的リベラリズムに始まり、その後、成員みなの善き社会生活を実現しようとする福祉国家型のニューリベラリズムへ展開した。そして二〇世紀最後の四半世紀以降、リベラリズムは再び市場における自由競争の促進へ舵を切り、日本を含む各国で規制緩和・民営化を促してきた（ネオリベラリズムの流行）、というようにです。

しかしこれらは単純化された、教科書的な説明にすぎません。リベラリズムが実際どのように意味づけられ、使用されてきたかを多少なりとも歴史的に分析してみると、多くの人はその多彩さと複雑さに当惑することになるでしょう。二〇世紀後半の著名な政治理論家ジュディス・シュクラーは、これを指して次のように述べています。「長年にわたるイデオロギー上の紛争のなかで、リベラリズムはその一体性を完全に失ったように思われる……。その言葉の濫用や適用範囲の過度の拡張によって、リベラリズムはあまりにも曖昧なものとなってしまっており、今では罵倒であれ、賞賛であれ、あらゆる目的に役立つ言葉（all-purpose word）として使われるほどである」[1]。この言明に示されるように、過去からの蓄積のなかでリベラリズムの用法や意味合いは実際きわめて混沌としており、明快な定義や単純な説明を受けつけるものではありません。

では、そうしたリベラリズムの「宇宙」――この政治的伝統の茫漠さと同時に、外延が膨張し続けるあり様を指す比喩――を捉えるにはどうすれば良いのでしょうか。ここでは、そのためには明確な方法が必要であるとの前提に立ち、近年邦訳されたダンカン・ベル、ヘレナ・ローゼンブラット、マイケル・フリーデンの著作のなかで各々示された、リベラリズムを理解するための方法を紹介したいと思います。また合わせて、それらを用いた際の彼／彼女ら三者におけるリベラリズムの描き方の特徴を、比較も交えつつ指摘してみましょう。

ベルの総和的構想

まずベルの論文「リベラリズムとは何か」から始めます[2]。彼の方法論を下敷きにすると、ローゼンブラットやフリーデンのそれもより良く理解することができるからです。

ベルはまず、「リベラリズムとは何か」という問いに対する応答の仕方として、三つのプロトコル

（解釈の作法）を提示します。①規定的（stipulative）プロトコル、②正典中心的（canonical）プロトコル、③文脈主義的（contextual）プロトコルの三つです。このなかでベルが擁護するのは③になります。

規定的プロトコルとは、リベラリズムの「正統な」定義や型、境界を予め設定しようとするものです。そのような定義・型は、えてして、自由・権威・自律・平等などの中核概念に対する意味づけと、それら概念の相互関係の解釈によって構築されます。しかしこのプロトコルは、正統な定義・型を設定した後に、それを過去へ遡及して当てはめるため、リベラリズムの複雑な歴史を覆い隠してしまうとベルは指摘します。歴史上の特定の規範的主張が、前もって定められたその型の正当化のために（あるいは逆に、その型によって「正統化」される形で）、選択的に、半ば恣意的に持ち出されるにすぎなくなるからです。

二つ目の正典中心的プロトコルは、ホッブズ、ロック、カント、J・S・ミル、ロールズなど著名な思想家たちの代表的な著作からリベラリズムの理論構造を抽出しようとするものです。ここではそうした正典は、叡智の詰まった知の貯蔵庫と見なされます。しかしこのプロトコルには、そもそも探求対象を限定し、所与と決め込んでしまっているという論点先取の側面があります。つまり、本来何がリベラリズムの「正典」か――さらには、そこには「正典」があるのか――自体が問題であるのに、特定のテキストを正典であると予め自明視してしまっているという欠点です。

ベルが強調するのは、規定的・正典中心的プロトコルはともに、初めに述べたようなリベラリズムの「宇宙」、すなわちこの政治的伝統において展開されてきた互いに競合、相矛盾するきわめて多くの主張や言語を包括的に捉えられないという点です。ここで彼は文脈主義的プロトコルを呼び出します。このプロトコルの特長は、当時の思想世界に分け入ることで、リベラリズムのまさにそうした歴史的多様性の把握を可能にする点にあります。さらにこのプロトコルによって、安易なアナクロニズムが回避されるのみでなく、そもそもなぜ、アナクロニスティックなリベラリズムの説明が現れたのか（たとえば、なぜ留保も無しにロックがこの伝統の始祖と扱われるようになったのか）、それ自体の分析も可能になるとベルは述べます。

さて、ベルが提案するリベラリズムの定義は、こうした文脈主義的プロトコルに即したものです。すなわち「リベラリズムの伝統は、時間・地域をまたいでリベラリズムと分類されてきた議論と、リベラルを自任する者によってリベラリズムであると認識されてきた議論を全て足し合わせたものから成り立つ」[3]。ベルは、ここでは省略しますが、この定義によって包摂される思想があまりにも膨張しないよう複数の留保事項を付した上で、この定義を「総和的構想（summative conception）」と呼びます。

確かにこのリベラリズムの定義はきわめて巧妙なものです。これによって、リベラリズムの「真の」形態をめぐる不毛な論争を退けることができ、この政治的伝統の多面性やハイパーインフレーションをそのまま受けとめることができます。さらにベルが論じるところ、この定義によって、リベラリズムにおいて生じる意図的な行為と意図せざる帰結の複雑な弁証法を捉えることも可能になります。たとえ思想家本人が自らの思想をリベラリズムと考えていなかったとしても、後の時代になってリベラリズムに分類されることで、彼／彼女は意図せずして「リベラルな思想家」になりえます。こうした転倒を捕捉することができるのです。

このような弁証法と関わりますが、総和的構想に基づいたベルのリベラリズム分析のなかで最も印象的な主張に、「ロックは二〇世紀になって初めてリベラルとなった」というものがあります。すなわち、一九三〇年代から五〇年代にかけて全体主義の反対物としてリベラリズムが再構成されるなか、この政治的伝統は宗教的寛容や立憲主義といった要素を吸収する形で一層肥大化した。同時に、このように肥大化したリベラリズムの定義が過去へ遡及、投影され、その知的系譜が再作成された。そのとき初めて、それまでリベラリズムの伝統において周縁的な位置におかれ、軽視されていたロックが、その創始者としての地位を占めるようになったという主張です。

以上のようなベルの方法論に対する評価について述べたいと思います。私は政治思想史の研究者として、ベルの総和的構想を、リベラリズムの「歴史」を探求する優れた定義・方法であると考えています。また、リベラリズムに限らず社会主義や共和主義といった他の政治的伝統への応用可能性についても、吟味する価値があるのではないでしょうか。加えて、日本のリベラリズム（自由主義）をこの定義で捉えようとすると何が見えてくるか、そもそもそれは可能なのかに関して私自身検討したいと思っています。

他方で、総和的構想にはいくつか問題点もあります。最も大きいものとして、総和的構想はリベラリズムの「宇宙」を捉えるのに効力を発揮する一方、そこで捉えられたリベラルな思想の間の「相対的な」重要性、すなわち価値の「勾配」について論じることはできません。ベルが目的とするのはあくまで、「リベラリズムとは何か」に対する人びとの回答を包括することなのです。

単語の歴史

では、ローゼンブラットは著書『リベラリズム――失われた歴史と現在』においてどのようにリベラリズムを分析するのでしょうか[4]。彼女が用いるのは、「単語の歴史（word history）」という方法です。それは、「この用語〔=リベラリズム〕の意味を確認し、時代とともにその意味がどのように変化したか」、「「リベラル」や「リベラリズム」という用語が、それを使った人々にとって何を意味していたのか」、「そしてリベラルの立場にある人々がどのようにしてその立場を擁護したのか」を明らかにする方法と説明されます。これに見て取れるように、ローゼンブラットは当時の思想世界に分け入ろうとする文脈主義的観点、ならびにリベラリズムの歴史的多様性を掴みとろうとする動機をベルと共有しています。実際彼女は、この方法を提案する際ベルの論文を参照しています。

ローゼンブラットの独特さは、リベラルやリベラリズムという言葉が本格的に登場する一九世紀以降のみではなく、前史としてキケロら、古代ローマにおけるliberalis、liberalitasをめぐる主張も明らかにしようとする点にあります。彼女は、これらの言葉のまわりで展開されていたのは、共通善への奉仕や貴族的な徳といった社会的絆・美徳をめぐる議論であったと指摘します。

また、「単語の歴史」を辿る試みによって二つの重要な知見が得られた、とローゼンブラットは主張します。歴史上大半のリベラルは、今日繁茂している個人の権利と利益ではなく、実は公共精神や道徳の改善、社会正義を重視していたというのが一つ目です。もう一つは、リベラリズムの歴史のなかで中心的役割を果たしてきたのは、イギリスやアメリカといった英語圏諸国ではなく、フランスやドイツにおける思想家、とりわけ前者であったという知見です。

ローゼンブラットが論じるに、リベラリズムは二〇世紀半ば以降のアメリカで、個人主義と自己利益を基礎とするパラダイムへ変貌しました。彼女は「単語の歴史」の追跡によって得られたとする先ほどの二つの知見に基づき、現代のそのようなリベラリズムに対してアメリカを起源としない「豊かな」＝公共的なリベラリズムの伝統を対置させます。それによって今日のリベラリズムの「薄さ」を鮮明化させる、ないし暴露するという構図を採っています。後で戻ってきますが、この点でローゼンブラットの歴史叙述には規範的な香りが漂っています。

以上のようなローゼンブラットの方法に関して、私は次の三点を指摘したいと思います。まず一点目に、リベラリズムの「宇宙」を捉えようとする方法として「単語の歴史」は有益であり、それに基づく本書の壮大さが賞賛に値するのは疑いありません。それを前提として指摘したいのは、この方法の運用面におけるローゼンブラットの曖昧さ、もしくは不徹底さです。というのも彼女には、自らが設定した方法的指針から逸脱するところが見られます。

それが最も顕著に現れるのが、バンジャマン・コンスタンやスタール夫人をめぐる議論においてです。ローゼンブラットはコンスタンとスタール夫人の思想を、リベラリズムの歴史における画期と位置づけています。両者は法の支配、市民の平等、立憲主義および代表制による統治、諸々の権利、出版や宗教の自由を一揃いに擁護するとともに、これら諸原理を貴族的な徳に力点を置く古代ローマ以来の良きリベラルさの伝統と結びつけた人物として描かれます。要するにコンスタンとスタール夫人は、本書の副題にある、豊かな「失われた」リベラリズムの原型なのです。

ところが、こうした重要性にもかかわらず、両者の思想分析においてローゼンブラットは自らの方法から逸脱します。リベラルやリベラリズムという用語が使用者にとって何を意味していたかを問うとした彼女ですが、当該二人の思想家はこれらを使用していなかったことを告白します。「彼にしてもスタール夫人にしても、『リベラリズム』という言葉を用いることはなかった。この用語はまだ造られていなかった。われわれが今日『リベラリズム』として認識する一連の規範を、彼らはゆるやかに発見していったのである」(5)。かかる方法運用の不徹底さが生じているのは、なぜなのでしょうか。

その考察の前に、二点目の指摘として、本書における二〇世紀アメリカ・リベラリズムの描写が、図式的で粗雑な印象を拭えない点を挙げたいと思います。ローゼンブラットによれば、第二次世界大戦後のアメリカで起こったのは、個人の権利と利益を優先するリベラリズムへの「切り下げ」、この政治的伝統の「貧困化」に過ぎません。このようなやや還元主義的な描き方は、彼女のロールズ評価にも反映されています。ここではロールズは、リベラリズムのそうした個人主義への「切り下げ」を促進する人物でしかないのです。

この描写は、ベルと比較するときわめて対照的です。ベルは戦後のアメリカにおいてリベラリズムが収拾のつかないほど過剰に拡大していったことを強調します。一方で、同じく文脈主義的観点をとり、さらに同じく反全体主義のなかでのリベラリズムの変容を指摘するにもかかわらず、ローゼンブラットが主張するのはリベラリズムの「貧困化」なのです。

三点目として、彼女の歴史叙述に付着する規範的な色彩を指摘する必要があります。本書は現代の切り下げられた「貧しい」リベラリズムと対照をなす、失われた「豊かな」リベラリズムの伝統を描き出すことで、暗黙的にではあれ、リベラリズムに対する内省やその再構築を呼びかけるような狙いを含んでいるように思われます。自ら掲げた方法を逸脱してまでコンスタンとスタール夫人の思想を目立たせるのは、明確な対照に依拠するこうした規範的狙いと内在的に結びついているのではないでしょうか。

イデオロギーの形態学

最後に、フリーデンが『リベラリズムとは何か』のなかで用いる、「イデオロギーの形態学(ideological morphology)」という方法についてです[6]。これは彼が、一九七〇年代末にニューリベラリズムの研究書を著して以降発展させてきた方法です。

フリーデンはこの方法に即して、リベラリズムの核心を構成する七つの政治的概念——自由、合理性、個性、進歩、社会性、一般的利益、制限されアカウンタビリティを負う権力——を措定します。彼によれば、リベラリズムは中核クラスターを成すこれら七つの概念の相互作用を基盤とし、これらが互いにどのように意味づけ合うかによってさまざまな種類のリベラリズムが立ち現れます。言い換えると、リベラリズムの種類が異なれば、これら七つの概念に付される重要性の比率や概念各々の意味が異なり、それに伴って中核クラスターに付着する諸観念も変化します。しかしいずれにせよ、根幹的にはそれら七つの概念が何らかの形で組み合わさることでリベラリズムは成立しており、その組成パターンの違いがリベラリズムのなかに違いを生み出すのです。

フリーデンによると、リベラリズムの異なる組成パターンは歴史的に主に五つ生まれました。個人の権利保護や権力抑制の理論を柱とする初期近代のリベラリズムから、多元的で寛容な社会を目指す現代的な多文化主義のリベラリズムまでの五つです[7]。彼はこれら五つの「層」とそこに分類される思想家を時代順に描き出します。

ベルやローゼンブラットと同じくフリーデンも、リベラリズムの歴史的多様性を前提とし、それをいかに捉えるかを念頭に置いています。フリーデンはこの多様性を「甍連なる大御殿」と呼びます。彼がこの大御殿を描く際の、「パラフィン紙の重なり」という比喩は見事です[8]。すなわち、リベラリズムの五つの異なる「層」＝紙は過去から順に積み重なっており、それぞれの紙にはさまざまな穴が空けられている。それを上から眺めると、穴の具合によって下の紙に書かれているメッセージが鮮明に現れたり、あるいは不鮮明のままとなる。また、穴がどのように空いているかで、この伝統の見え方は順次変化する。リベラリズムの多様性は今日、そのように現出するのです。

しかし、フリーデンは歴史的多様性を押さえようとする一方で、ベルが言うところの規定的プロトコルを適用しています。フリーデンが設定する中核クラスター、つまり七つの政治的概念は、リベラリズムの正統な型とその境界を一定程度定めるものです。この点でイデオロギーの形態学は、ベルやローゼンブラットの文脈主義的方法とは一線を画しています。端的な例としてフリーデンは、社会性やアカウンタビリティ権力を周縁化するものとして、ネオリベラリズムをこの知的伝統から除外します。

おわりに

リベラリズムを分析し理解するための方法を三つ紹介してきました。このなかで、読者の直感に最も沿うのは、おそらくフリーデンの方法論とそこで示されているリベラリズム理解ではないでしょうか。しかし政治思想「史」の研究者として私は、自身が翻訳に携わったというのもありますが、ベルの総和的構想を推奨したいと思います。それは、リベラルやリベラリズムの用法がなぜ今日ここまで混乱しているのか、を明確にする優れた定義と方法です。

歴史のなかのいかなるリベラリズムに着目し、それをどのように描くかには、たとえ意図しなかったとしても、規範的な志向が付随しがちです。それは歴史叙述のほとんど常とも言えますが、リベラリズムという皆が各々の価値を込めやすい伝統であれば、その傾向は一層高まります。ローゼンブラットの著作はこれを体現していると言えるでしょう。

最後に、今回紹介した三つの研究とともに、リベラリズムの「宇宙」、その歴史的多様性を出発点にしていることは改めて強調されてしかるべきです。これら著作に例証されるように、明確な方法や定義、限定無くして、リベラルやリベラリズムを意味のある言語として使用することは、もはや学術的にも、また一般的にも不可能です。これが今回の根本的なメッセージかもしれません。もちろん、ナンセンスで軽薄な悪口として用いるなら別ですが。

注

（1）Judith N. Shklar, *Political Thought and Political Thinkers*, University of Chicago Press, 1998, p. 3.

（2）ダンカン・ベル「リベラリズムとは何か」馬路智仁・古田拓也・上村剛訳『思想』一一六四号（二〇二一年四月）(Duncan Bell, "What Is Liberalism?" *Political Theory* 42, no. 6 (2014)).

（3）ベル「リベラリズムとは何か」、一六頁。

（4）ヘレナ・ローゼンブラット『リベラリズム――失われた歴史と現在』三牧聖子他訳、青土社、二〇二〇年（Helena Rosenblatt, *The Lost History of Liberalism: From Ancient Rome to the Twenty-first Century*, Princeton University Press, 2018)、一〇―一一頁。

（5）ローゼンブラット『リベラリズム』、六三頁。

（6）マイケル・フリーデン『リベラリズムとは何か』山岡龍一監訳、筑摩書房、二〇二一年（Michael Freeden, *Liberalism*, Oxford University Press, 2015).

（7）フリーデン『リベラリズムとは何か』、七頁。

（8）同上、七四頁。

「自由」の語られ方――一九～二〇世紀の日本を中心に

趙　星銀

「自由」ということば――「伝統」の多様性と「外来」の多様性

この報告では、近代日本において「自由」がどのような意味を持つことばとして語られてきたかについて、石田雄の研究「「自由」のさまざまな意味――その歴史的変化[1]」を参考にしながら検討したいと思います。石田論文は、西洋との比較において「日本的な」自由概念の特質を解明するという明確な問題関心の下で近代日本における多様な言説を幅広く分析した統括的な研究であり、日本のリベラリズムを考えるうえでベンチマークとなる著作といえます。

また、方法論の見地からいえば、石田論文は馬路智仁さんがご紹介くださったローゼンブラットの立場に近いのではないかと思われます。ローゼンブラットと石田は、ことばや概念の置かれた歴史的な文脈、つまり特定のことばが特定の時期・地域の人々にとってどのような意味で用いられたかを重視する立場をとっています。そして何らかの形でリベラリズムの原型またはその十全な姿を想定し、それからの逸脱や貧困化を批判的に検討するという姿勢においても、両者は共通していると思います。

ただ、リベラリズムをめぐる両者の問題意識は異なっており、したがって実際の議論は全体として対照的な方向性を描いているのではないかと思われます。ローゼンブラットの議論は、西洋におけるリベラリズムの古い伝統（古代ローマ以来の公共精神を含む伝統）を定立することによって、新しい潮流（二〇世紀半ば以降の個人主義的なリベラリズム）を批判する性格を持っているといえるでしょう。対して石田は、逆に日本の古い伝統（自由を「ほしいまま」や「わがまま」と理解する慣習）のなかに存在する、新しい潮流（一九世紀以降の翻訳思想としてのリベラリズム）の成長を阻害する要素を問題視していると思われます。これから、その内容を詳しく検討していきたいと思います。

石田論文では、まず自由の概念をめぐるさまざまな類型化の試みが紹介されています。なかでももっとも注目されるのが、イタリアの思想史家G・ルッジェーロの議論に依拠した、libertiesとlibertéの区別です。[2] 前者（liberties）は主にイギリス型の「複数形」の自由、すなわち権利の主体として個人を重視し、伝統に根ざした具体的な諸権利を擁護する自由の系譜を指します。対して、後者のlibertéは「単数形」のフランス型の自由、伝統に対する変革の原理に用いられることの多い抽象的な理念としての自由です。こうしたlibertiesとlibertéの区別を軸にして、石田はバーリンやハイエク、陸羯南などの自由論を整理しています。

加えて、石田論文にはもう一つの「日本的な」自由の類型が登場します。明治時代のジャーナリスト中島勝義のことばを用いていえば、それは「情欲を専らにする」自由、つまり自分の欲望のままに行動する自由を指します。このように「自由＝拘束の欠如」と考える傾向が日本には古くから存在しており、それが人間の欲望を素直に認めることを肯定する国学的な思想と親和的である点を、石田は強調します。

以上の三つの自由の類型を念頭に置きつつ、以下では歴史的な文脈に沿って、「自由」をめぐるさまざまな論点を概観していきたいと思います。

まず、一九世紀以前の日本における、いわば「古い」自由概念についてです。ここで注意すべき点は、そもそも「自由」が中国由来の漢語であり、日本で自生的に生まれたことばではないということです。また、日本のいわゆる「伝統的な」自由概念の形成に影響を与えたものとして、仏教の経典や中国の史書、切支丹系の文献などが挙げられますが、それらのなかに登場する「自由」の語は、それぞれ異なる思想的文脈を背景にしています。つまり、日本の「伝統」そのものの持つ多様性に留意する必要があり、したがって、「日本の伝統」なる単一の自由概念が存在して、それに一九世紀以降、西洋的な自由概念が付け加えられたという単純なストーリーは、そもそも成り立たないと私は思います。

ただ、特に西洋との比較において日本の自由概念の特質を考察する際に注目すべき用例として、石田論文はたとえば八世紀の『日本書紀』における「自由」の使い方を取り上げます。『日本書紀』には皇位継承をめぐって皇子たちが争う場面で「威福自由《いきほひほしきまま》」にする、または「権勢自由《いきほひほしきまま》にして官物《おほやけもの》を費用《ついや》す」という描写が登場しますが、つまりここでの「自由」は、わがまま、思いのままに振る舞う様子を批判的に表現したことばです。

ちなみに、この「威福自由」の典拠とされる中国の『後漢書』の該当箇所においても「自由」は否定的な意味で使われています。ただ、近代以前の中国の文献において「自由」がもっぱら否定的な意味で使われたわけではないということにも留意する必要があります。たとえば宮村治雄の研究は、政治的な事柄に関する文脈で「自由」は「専政」や「専擅《せんせん》」とともに使われることが多いが、その「専擅」の主体が誰かによって、肯定的な意味で使われる場合もあることを指摘しています[3]。

再び石田論文に戻ると、ここで注目したいことは、石田が「ほしきまま」「わがまま」としての「自由」理解を、国学の思想、たとえば本居宣長の著作に出てくる「人欲もまた天理ならずや」（『直《なお》毘霊《びのみたま》』）といった考え方に関連づけている点です。そこには儒学的なリゴリズムに反発する心情は表れているものの、そのような心情に基づいて積極的に秩序を打ち立てようとする「秩序形成力」は欠如していると石田は述べます。したがってこのような自由理解は政治的に好ましくないという主張を、石田論文から読み取ることができます。

翻訳の時代

以上の文脈を踏まえて、次に一八三〇年代から一九世紀後半までを中心とする翻訳の時代に移ります。幕末維新期には、たとえば小関三英訳の『那波列翁伝』（一八三七年）に登場するオランダ語の「フレイヘイド（Vrijheid）」が、西洋の自由概念を理解するための重要な材料になってきます。一八三〇年代から一八五〇年代を経て、このVrijheidは「自由自在」「自主」などの言葉に翻訳され、一八六〇年代には西洋語のVrijheidあるいはlibertyの訳語として「自由」が定着していく傾向が見られます。

この「liberty=自由」の訳語の定着に大きく貢献した書物として、石田は福沢諭吉の『西洋事情』（一八六六～一八七〇年）を挙げます。よく知られているとおり、福沢はここでアメリカ独立宣言に出てくるLibertyを「自由」と訳しています。

ただ、ここで注目すべきことは、福沢がこの「自由」の意味について特別な注意を促しているという点です。『西洋事情』のなかには、「本文、自由任意、自由の字は、我儘放盪にて国法をも恐れずとの義に非らず」という説明が出てきます。要するに、日本で「自由」といえば「我儘放盪」または「情欲を専らにする」という意味が連想されがちだが、ここでいう「自由」はそういう意味ではないと、福沢は念を押しているのです。

ところで、前にも言及した宮村治雄は、二〇一七年の研究のなかで、実は福沢自身の「自由」理解そのものが、『西洋事情』の執筆過程のなかで変化しているという興味深い分析を行なっています。[4]宮村はそれを「法」と「自由」の定位変化として説明しますが、つまり『西洋事情』の草稿の段階から初編、外編、そして二編が刊行されていく過程のなかで、最初は「法」の外側にあるものとして理解されていた「自由」が、次第に「法」の内側に取り込まれていくと解釈しているのです。このような変化は、多様な考え方が流動するなかで自由の概念が活発に模索されていくこの時代の特徴を示しているのではないかと思われます。

再び石田論文に戻ります。福沢の『西洋事情』に出てくる「自由」がアメリカ独立宣言のLibertyの訳語であったことが象徴的ですが、つまりこの時代に関心を集めた「自由」は、国家の独立や解放のための中心理念、いわば大義名分としての自由です。だからこそそれは「愛国」とも容易に結びつきます。石田はここで一つの例を紹介しますが、一八八七年、京都で開かれた政治集会「自由大運動会」に集まった壮士たちが「皇室万歳自由万歳」と歓呼する様子を伝えた新聞記事（『朝野新聞』一八八七年一一月二五日号）がそれです。国家という大義の下で「皇室」と「自由」は違和感なく並列され、ともに称えられたのです。

「自由」の流行と大正デモクラシーの時代

次に自由民権運動期に移ります。この時代には民権を擁護するさまざまな「結社」が出来上がり、活発な運動が展開されていくなかで、「自由」の人気が高まり、お菓子から化粧品の名前にまで「自由」ということばが使われるようになります。しかし、このような「ことば」の流行が実質的な政治的効果を伴うものであったかといえば、必ずしもそうではなかったというのが石田論文の評価です。

逆に、自由の流行が反感をもたらす場合もあったようです。たとえば柳田國男の回想には、彼の少年時代、ある泥酔した人が醜態をさらしながら「これは俺の自由の権だ」と怒鳴る場面を目撃したというエピソードが登場しますが、これが柳田自身の「自由」イメージに大きく影響を与えたそうです。つまりこのことばが流行すればするほど、無節制な放縦を正当化することばとして「自由」が使われる場面も増えて、この類の「自由」に対して反感を抱く人々も増えたのではないかと、石田は分析します。

さらに大正デモクラシーの時代に入ると、政府の権力が学問と言論の自由を侵害するという問題が表面化します。たとえば一九一八年、『大阪朝日新聞』の記事に使われた「白虹日を貫く」という表現が、君主（太陽）に危害を加える兵（白い虹）の反乱を意味するという理由で、同新聞社が新聞紙法違反に問われる「白虹事件」が起こります。また一九二〇年には、雑誌『経済学研究』に掲載された論文「クロポトキンの社会思想の研究」が危険思想と見なされ、著者の森戸辰男と雑誌編集署名人の大内兵衛が起訴される「森戸事件」がありました。そしてこのような事件が起こると、知識人や言論人を中心に、思想と言論の自由を擁護する声が上がります。ただ、そもそも自由とは何かをめぐる思想的な議論に関しては、一部の知識人を中心に、人間の内面の自由を重視するといった観念論的な議論が行なわれたものの、それらの多くは、石田のことばでいえば「権力に対して自己を政治的に位置づける姿勢」に欠ける、抽象的な議論にとどまります。

同時に、この時代にはたとえば石橋湛山や長谷川如是閑などを中心に、いわゆる「新自由主義」（ネオ・リベラリズムではなく、ニュー・リベラリズムを指す）、つまり自由放任主義ではなく、分配の公正を自由主義の射程内に含めて個人と社会の統合を図ろうとする議論が登場します。しかし、論壇全体から見ればこのような人々は極めて少数派でした。

結局、自由民権運動期を経て大正デモクラシーの時代に至るまで、自由主義が日本社会に深く根を下ろすことはできなかったと石田は評価します。思想的にはマルクス主義から打撃を受け、社会的にはナショナリズムの高揚による圧力を受け、そして国家からは言論統制など、権力による弾圧の下に置かれる。そのような状況のなかで、自由主義が対抗勢力を組織するための凝集力を発揮することは実現されなかったのです。

抗争と弾圧の時代

次に昭和初期に入ります。実はこの時代が、少なくとも論壇において、もっとも活発に自由主義が論じられた時代であることを石田は指摘します。ただその内容としては、自由主義と（マルクス主義を中心とする）社会主義との間の論争が大部分を占めています。主要な論者としては、著作『新自由主義』を残した経済学者の上田貞治郎、具体的な政策を備えた自由主義政治運動を構想していた政治家・文筆家の鶴見祐輔、そして、戦前日本の自由主義の代表格といえる河合栄治郎が挙げられます。ここでは河合の議論だけ、簡略に紹介します。

河合によれば、日本の自由主義の立ち位置は非常に不幸なもので、それはマルクス主義と保守主義からくる左右の挟撃に迫られ、両方と戦わなければならない運命を背負っているものです。なかでも、特に一九三〇年代初頭までの河合の著作活動が主にマルクス主義との抗争に注力していたことを、石田は指摘します。

ただ、河合自身の思想は、実は社会主義にかなり近似するところがありました。河合は、自由主義を「社会のあらゆる成員の人格の成長」を図る思想と捉え、その実現のために、ある程度の社会経済的条件の整備が不可欠だと考えます。このような河合の思想を、石田はT・グリーンのニュー・リベラリズムと大正教養主義との結合であると評価しています。

したがって、労働者の権益を保障する社会制度の構築を唱える点では、河合と社会主義との距離は遠くなかったと私は思います。ただ、河合にとってマルクス主義の唯物論や無産階級の独裁といった主張は受け入れられないものであり、また彼が議会主義を断固として擁護した点においても、両者は鋭く対立しました。当然、河合はマルクス主義者からはブルジョア・イデオロギーの代弁者と見なされ、批判の的となります。

しかしこのような自由主義者とマルクス主義者との間の論争は「コップの中の嵐」に過ぎなかったと石田は述べます。コップの外では、両者の共同の敵であるはずの国家主義が高まり、言論と思想の自由が侵害されていきます。やがて一九三五年、右派政治家や軍人たちが憲法学者・美濃部達吉の憲法解釈（「天皇機関説」）を国体に背く学説であると非難し、排撃する「美濃部事件」が発生します。以降、かつて明治憲法下で認められていた立憲主義的な要素さえ排除していく動きが顕著になるなかで、自由主義はもっぱら克服されるべきものとして批判され、検閲と取り締まりの対象になっていきます。

戦後の課題

戦後になると状況は一変し、国内外環境の激動とともに自由をめぐる諸課題が新たに噴出します。ここでは以下の三つの論点を中心に石田論文の要点を紹介したいと思います。

まず、とりわけ戦後初期には、戦時中の禁欲主義に対する反発から欲望の解放としての自由への渇望が噴出します。そしてそのような時代の空気のなかで、占領軍から「配給された自由」（河上徹太郎）をどう消化し、定着させるかという課題が浮上します。ただ、このような問題群が「自由主義」ではなく、主に「民主主義」の枠組みのなかで議論されたことを石田は指摘します。つまり「民主主義」の影のなかに自由主義が包摂される傾向があり、民主主義に「対する」自由主義の独自の問題関心、たとえば組織のなかにおける個人の権利保障といった問題は、さほど注目を集めることができませんでした。

第二の論点は、アメリカ中心の自由観の問題です。冷戦構造のなかの日本において「自由」はいわゆる「自由陣営」中心の国際秩序やアメリカ的な価値観と結びついていきます。反軍部で非マルクス主義的なものが、すなわち自由主義と理解されることも少なくなかったのです。ただ一九五〇年代以降にはアメリカ国内のマッカーシズムや人種差別問題など、アメリカにおける自由の危機が日本でも認識されるようになり、したがって「アメリカ的なもの」と結びついていた自由の価値もまた揺らいでいったと石田は分析します。

そして第三の論点として、戦後における自由主義の担い手の問題があります。戦後初期には和辻哲郎、津田左右吉、安倍能成など、「オールド・リベラリスト」と呼ばれる一群の知識人が存在していましたが、しかしその呼称は尊敬と軽蔑が混ざったものであったと石田は評価します。「オールド・リベラリスト」たちは、日本の歴史や伝統と結びつかない限り、外来思想（自由主義や民主主義など）は定着しないと主張しました。そのような主張には一理があるものの、彼らにはその守るべき伝統的要素を皇室や古い秩序感覚に見出す傾向がありました。だからこそ、丸山眞男や川島武宜、鶴見俊輔など、日本社会の抜本的な刷新を志したより若い世代の戦後知識人たちは、オールド・リベラリストたちに対して批判的な立場をとったと思われます。

おわりに

最後に、以上の検討を踏まえて、丸山眞男の戦後初期の著作を手がかりに、戦後の課題について若干の私見を付け加えたいと思います。丸山は、「民主主義」が大流行し、「自由主義」が相対的に不人気だった戦後初期の時代に、自由主義に関する重要な論考をいくつも残している数少ない知識人の一人です。さらに丸山は、戦後の早い時期から自由主義に関する深い理解と関心を示す一方、マルクス主義に対しては批判的な距離をとっていたのですが、だからといって彼が単なる「反共＝自由主義」に与することはありませんでした。松本礼二の研究によると、丸山はその青年期において、専門的な学術の世界で自由主義的な学問を学びながら、当時の論壇を風靡したマルクス主義の議論からも影響を受けた「戦後啓蒙の世代」に属するとされます。[5] 自由主義とマルクス主義に関する丸山のスタンスには、このような世代的背景が一要因として働いていたのではないかと思われます。

たとえば、丸山の一九五〇年の文章「ある自由主義者への手紙」には、当時の「反共＝自由主義」の風潮に対する鋭い批判とともに、共産主義を含む多様な思想のなかから日本の自由の成長を促す可能性を探ろうとする姿勢が表れています。加えて丸山は、社会の現実と乖離した主義・主張の分析ではなく、普通の人々の日常的な考え方や行動様式、組織における意思決定の仕組みといった、日本社会の「配線構造」を理解する必要を強調します。このような指摘には、自由に関する洗練された議論が行なわれたものの、それが社会の現実とかけ離れた抽象論にとどまったため、現に自由に対する抑圧が発生した際には無防備であった戦前の自由主義への反省が込められていると思います。

そしてこの文章の後半には、アメリカの政治学者C・E・メリアムが当時の米大統領ルーズヴェルトとの間で交わした対話が紹介されています。そこでルーズヴェルトはメリアムに「秩序と正義のどっちかを選ばねばならなくなったら、私はいつも秩序の側に立つだろう、あなたはどうですか」と問いかけます。これを受けてメリアムは、秩序を無条件に是とすることは、強制収容所の秩序や強者の弱者に対する搾取の上に成り立つ秩序をも容認することになるかもしれないという理由から、彼自身は「正義」を選択すると答えます。そして丸山も、メリアムの側に立つと述べています。多様な思想の可能性を認める寛容の精神、そして社会の仕組みの「配線構造」を見抜く理性の働きに立脚しつつ、ある思想的志向点を持つものとして自由主義を考察する際に、丸山が言及した秩序に抗する正義の構想という論点が一つのヒントになるのではないかと、私は思います。

注

（1）石田雄『日本の政治と言葉 上――「自由」と「福祉」』所収、東京大学出版会、一九八九年。

（2）Guido de Ruggiero, *The History of European Liberalism*, translated by R. G. Collingwood, Beacon Press, 1958. イタリア語原著は一九二五年出版。なおルッジェーロは、二つの類型の相互浸透こそがヨーロッパ自由主義の発展を可能にしたと考える。

（3）宮村治雄『新訂 日本政治思想史――「自由」の観念を軸にして』放送大学教育振興会、二〇〇五年、第二章。

（4）宮村治雄「自由」米原謙編『政治概念の歴史的展開　第十巻「まつりごと」から「市民」まで』晃洋書房、二〇一七年、一一一―一一五頁。

(5) 松本礼二『知識人の時代と丸山眞男——比較20世紀思想史の試み』岩波書店、二〇一九年。

◆パネルディスカッション

馬路智仁 × 趙　星銀 × 宇野重規 × 加藤　晋

リベラリズムを客観的に語れるか

宇野　本当に充実したプレゼンテーションをお二方にしていただきました。

　馬路さんが紹介くださったダンカン・ベル（Duncan Bell）の議論にあったように、ジョン・ロックがリベラリズムの起源であるという言説は、実は二〇世紀前半から半ばにかけてのアメリカとイギリスにおいて、事後的に形成されたものだという点は非常に示唆的ですね。また、ヘレナ・ローゼンブラット（Helena Rosenblatt）の場合、彼女自身の方法論と、実際に書いてあることには矛盾があるのではないのかという指摘も重要です。

　それをふまえて馬路さんに質問いたします。確かにロックの時代にせよ、ローゼンブラットの紹介したバンジャマン・コンスタン（Benjamin Constant）とスタール夫人（Madame de Staël）の時代にせよ、リベラリズムという言葉はまだありませんでした。しかし事後的にではあれ、彼らをリベラリズムの水脈に位置づけることは、それほどおかしいことだと私自身は思わないのですが、馬路さんはそういった位置づけはある種のアナクロニズムであって、方法論的におかしいとお考えでしょうか。

馬路　いえ、おかしいわけではありません。が、重要なのは、そのようにある思想を今日リベラリズムと呼ぶ、あるいはリベラリズムの流れに位置づけることによって、自分が一体、歴史的にさまざまな形で語られてきたリベラリズムのどれにコミットしているのかを認識することだと思います。政治イデオロギーとして、それぞれが特定の時代、文脈において、特定の政治的企てを伴って定義され、展開されてきたものです。過去の言説世界を背負いながら生きている私たちは、意図するしないにせよ、大抵そのどれかを選び取っている、そこを自覚すべきだと思います。

　やや複雑なのは、研究者も単にある思想をリベラリズムと呼ぶだけでなく、その営みを通して、より積極的に特定のリベラリズムに対し規範的、価値的なコミットメントを示す場合がある点です。リベラリズムはこうあるべきだ、こういう風に展開していくべきだ、といった姿勢のことです。明言はしないものの、ローゼンブラットからはこの匂いがします。彼女は、方法としては「単語の歴史」をとると言い、客観的に引いた形でリベラリズムの歴史を追跡する旨を表明してはいます。しかし結局、そうした客観性を確保できているように思われません。

　これは彼女の本の結論部においてより明らかになります。ローゼンブラットはそこで、個人の権利や利益中心のパラダイムへ堕していったアメリカ・リベラリズムに対し、古代ローマのよきリベラルの構想とそれを受け継ぐコンスタンやスタール夫人に始まる「豊かな」リベラリズムの伝統を対照させ、そうした現代のアメリカ・リベラリズムに反省を促すという構図をとっています。ここには、リベラリズムはこうあるべきという先入見が見え隠れしているように思います。

宇野　なるほど、そこには特定のリベラリズム観が、あらかじめ前提になっているというわけですね。おっしゃる趣旨はよくわかります。ただ、馬路さんの図式だと、究極的には、研究者は特定の規範にコミットして歴史を論じるか、あるいはいずれの規範にも距離を置いて、客観的に見るかという対比になると思います。しかし、本当にそうなのでしょうか。

　たとえば、あくまで思想史研究者として客観的に歴史を見ているのだけれど、ある時点で、プロパティを軸に個人の自由を至上の価値とみなし、個人の同意なくして政府の正当性はないと言ったロックのような人がいた。その後にも同じようなことを言った人がいて、また違う時代にもそういうことを言った人がいる。これらの人々の間に、同一のリベラリズムの言説の系譜があることは、私が特定の規範にコミットをしなくても、客観的に言えるのではないかという気がするのです。

　つまり、名称は後から付与されたとしても、研究の対象物としてのリベラリズムが、その時点において客観的に成立していたということは、別に私が「リベラリズムとはこういうものである」という価値的なコミットをしなくても、言えるのではないでしょうか。

馬路　なるほど、ローゼンブラットの話が少しズレた応答になってしまったように思います。私が問題にしたいのは、実態としての思想やその共通性というよりも、むしろそれをリベラリズムと名づけたり、語ったりする行為そのものの方です。そのとき、私たちは過去の言説世界を背負っている存在として、どのような政治的企てを行なったり、または反復したりすることになるのでしょうか。

　個人のプロパティや自由を基盤とする、いま宇野さんがおっしゃった思想の流れをリベラリズムと名づけるのは今日一般的なものです。しかしベルに言わせれば、ロックを創始者とするそのようなリベラリズムの語りは、ファシズムや共産主義との戦いのなかでイギリス、アメリカにおいて構築された、きわめて二〇世紀的現象となります。

　このベルの見解を受け入れるとすれば、宇野さんがおっしゃる形で、そこに「リベラリズムの言説がある」と言ってしまうのは、ある意味、その二〇世紀的なイギリス、アメリカの企てに、意図せざるにせよ関与している、それを繰り返していることになるのではないでしょうか。それは「客観的な」営みなのでしょうか。また、そうした負荷を持つリベラリズムの語りを、今日の日本で用いることの含意は何なのかという問題もあります。

加藤　すごく面白い論点ですね。方法論的な視角からいうと、お二人の議論は言語哲学（あるいは法哲学）における「内的視点」と関わっているように思います。[1] 第1回の井上彰さんと犬塚元さんとのディスカッションでも話題になった「概念分析」の問題です。

　規範的主張を非科学的なものとして、完全に捨象しようとする流れが二〇世紀前半にありました。これは、規範的概念の通訳不可能性を気にしてのことと言ってもよいかもしれません。しかし、規範的問題でも内的視点にたてば、つまり通訳が可能な範囲に絞ると、ある種の客観性を持ちます。これは戦後の政治哲学の一つの転換点とも言え、ロールズなどはこちらの立場から彼の哲学をスタートさせました。しかし、この立場にも内的視点のなかでしか捉えられないという側面があります。ある時代や場所にリベラリズムという言葉の「実践」があって、別の時代や場所に異なる「実践」があったとき、やはり通訳がしにくくなるわけです。この時、客観性はあるのか、それともないのか。

宇野さんの議論は、そういう実践内部のなかでの客観性であるのに対して、馬路さんは、実践を超えた客観性を何らかの形で求められないかという議論に聞こえます。

趙　実際に行なわれている研究には、「前史(prehistory)」をたどるという方法があります。たとえば、日本における市民思想の研究をする場合、一九四〇年代、五〇年代には「市民」という言葉はほとんど使われていませんでした。しかし、鶴見俊輔など、後に市民思想を唱えるようになる人々が、戦後初期に「ひとびとの哲学」のような言葉で表現した内容を、市民思想の先駆的な形態と捉える研究は実際に行なわれています。

もちろんそれは研究者の完全な主観ではなく、国家に対する批判的な態度とか、民族なるものと日常性との結びつきといった要素から、後の市民思想との共通点を見出すわけです。だとすると、一定の客観性はあると思うのですが。

宇野　趙さんは私に近い態度だと受け取りましたが、加藤さんの整理からいうと、それはあくまで内的視点に立った相対的客観主義の立場であって、馬路さんの考える真の客観主義の立場には立っていないということになるのでしょうね。

だとすると、馬路さんがもしリベラリズムの歴史を語るとしたら、どういう語りをいかなる根拠において展開されますか。

馬路　「真の客観主義」の意味をいまいち把握できないのですが、いずれにせよ、私がリベラリズムの歴史をたとえば教室で述べるとすると、まずは、ロックを創始者とするものも含めて、いくつかの今日有力なリベラリズムの語り方を、その知的系譜とともに示す。次に、こちらの方が重要ですが、そうした語り方や系譜が、いつ、どのように構築されたのか、その構築の背後にはいかなる政治的企てが存在したのか、について展開する。

そのようにリベラリズムの語り方や系譜作成の文脈性、時代拘束性を示すことで、今日の私たちが、過去から続く言説世界のどのような地点に立っているのか、その一側面を照らし出すということになると思います。

ベルの定義を日本のリベラリズムに適用できるか

加藤　私は、ベルの定義を使って、日本のリベラリズムを考えると興味深いのではないかと感じます。馬路さんが紹介してくださった、リベラリズムに関するベルの定義を日本に素朴に適用してみると、「日本のリベラリズムの伝統は、日本において時間・地域を跨いでリベラリズムと分類されてきた議論と、日本においてリベラリズムを自任する者によってリベラリズムと認識されてきた議論をすべて足し合わせたもの」となります。これは、定義の一つの可能性に過ぎないことに注意する必要があります。

しかし、ここから、「日本のリベラリズムの伝統」は、「日本のリベラリズム」とどういう関係にあるのかという問題がまず出てきます。さらに、「日本のリベラリズム」と「日本のリベラリズムの伝統」の関係は、「リベラリズム」と「リベラリズムの伝統」の関係とパラレルなのかどうかという問題もあります。

こうした論点について、お二人はどのようにお考えでしょうか。

馬路　ベルの議論で、リベラリズムの伝統とリベラリズムが区別されているのはとても重要なポイントだと思います。彼は、政治イデオロギーの伝統は、意図する結果と意図せざる結果のある種の弁証法で成立する、と考えています。

すなわち、ある時点（T1）で、「私はこういう意味でリベラリズムを定義する」と述べたとしても、それが必ずしもリベラリズムの「伝統」に入るわけではない。反対に、何らかの思想を示し「私はリベラルではない」と宣言していたとしても、別の時点（T2）においてリベラリズムのなかに分類されたとしたら、その思想はリベラリズムの「伝統」に位置づけられる可能性が出てくる。「意図せざる」ということの意味ですね。

こうした機微を持ったリベラリズムの理解を日本へ拡張することの可能性は、ぜひ趙さんにおうかがいしたいです。

趙　私は、ベルの定義を厳密に日本に適用するのは少し難しいと思います。というのは、そもそも方法論は、研究の目的、つまり何を解明することが求められるのかという問題意識に沿って構築されるものだと思いますが、リベラリズムをめぐって、西洋思想史における問題意識と、日本におけるそれとの間には違いがあると考えるからです。西洋においては、長い歴史のなかでこのテーマをめぐる材料がたくさんあり、そのなかからどういう歴史のストーリーを作るかが問題となれば、「時間・地域を跨いでリベラリズムと分類されてきた議論」が主要な関心事になるのは分かるのですけれども、日本にこれを厳密に適用すると、非常に限定的な議論しか扱えなくなる気がします。

さらに「日本においてリベラルを自任する者によって」も、もう一つの制限になります。たとえば一九世紀という時代をとっても、おそらく日本でリベラルを自任した者は非常に限られるのではないでしょうか。河合栄治郎や石橋湛山、長谷川如是閑、田口卯吉など、経済的な自由主義者を含めても、結局数人の議論しか該当しないかもしれません。

しかも、その代表格とされている河合栄治郎を実際に読んでみると、彼は一種の社会主義者なのですね。ですから、少し誇張して言うと、「日本最大の自由主義者は社会主義者でした」という不可思議な話になってしまいます。しかも「少なくとも二世代以上、継続的にそのリベラル／リベラリズムの使い方を支持していなければならない」という留保まで考慮すると、そのまま公式として日本に適用するのは、さすがに無理があると思います。

　もう一つ、「日本の」リベラリズムという問題設定は、思想の国籍性をめぐる問いを提起することになると思います。つまり「日本のリベラリズム」はたとえば日本に住む外国人の議論を含むものなのか、そして植民地の人々の思想はどのように位置づけられるのか。こういった「国」をめぐるさまざまな論点を問題視し、検討しながら思想を考えていくことによって、「日本のリベラリズム」に関する新しい地平が開けるのではないでしょうか。

日本のリベラリズムと宗教の結びつき

宇野　趙さんに、宗教とリベラリズムの結びつきについておうかがいしたいと思います。たとえば、バンジャマン・コンスタンは、カトリックの国フランスにおいて、プロテスタントだからこそリベラリズム的な議論ができたという側面があります。また、後のフランソワ・ギゾー(François Guizot)もプロテスタントです。つまり、一九世紀フランスのリベラリストの多くがプロテスタントであったことに象徴されるように、宗教的な問題とリベラリズムは密接に結びついてきました。

　一方、日本でいわゆるリベラリストと呼ばれるような人の場合、宗教的なバックグラウンドがある人は必ずしも多くありません。石橋湛山は仏教徒であり、キリスト教にも関心を持っていましたけれども、彼の議論の中心は経済的なリベラリズムでした。清沢洌も重要ですが、その信仰は微妙です。他の人を見ても、宗教的なバックグラウンドを持ってリベラリズムを論じた人はあまりいないような気がします。趙さん自身は、日本におけるリベラリズムと宗教の結びつきについてどのようにお考えでしょうか。

趙　非常に重要な質問だと思います。確かに例は少ないのですが、宗教者でありながらリベラルな価値を擁護した人としては、矢内原忠雄が挙げられると思います。たとえば矢内原の河合栄治郎批判には宗教的な特色がよく表れます。河合の議論では人格の陶冶や完成がもっとも尊い価値とされますが、宗教者である矢内原からすれば、それは無内容であるということになります。つまり、目指すべき人格の方向性や指向点がないという理由から河合の自由主義を批判するわけです。矢内原の場合、神の教えという指向点があり、神の法への服従を通してこそ善に近づく道徳的自由が可能になるという考え方です。

馬路　少々突っ込んだ質問になってしまいますが、矢内原が、河合栄治郎の議論を無内容であると批判したという点が引っかかります。というのも、河合がその思想を受け継いだトマス・ヒル・グリーン（Thomas Hill Green）自身はキリスト教的色彩の強い人物であったと思います。彼はキリスト教の教説を道徳哲学の次元に置き換えるのだ、と表明しています。それを受け継いでいるはずの河合栄治郎が、キリスト者・矢内原から無内容だと批判されるのはどうしてなのでしょうか。

趙　矢内原に言わせれば、グリーンにとっては「神」が重要な位置を占めるけれども、河合のグリーン理解にはそこが欠落しているということになります。たとえば一九二九年の「自由と自由主義」（『国家の理想――戦時評論集』岩波書店、一九八二年所収）で、矢内原は河合が「「神」抜きのグリーン」を語っていると批判します。

ただ、同時に矢内原はグリーン自身の理論にも批判的です。というのは、グリーンは、人間がその本性上、自らを善き人格完成の実現に向かわせる傾向を持っていると考えるんですが、矢内原によれば、「至上善の到達は精進すべき道徳律にして、自然的成長の結果到達し得る傾向ではない」からです。

つまり、個々人の自由な人格成長を促せば、それが自然と「善」と調和をなすという考え方は楽観的であって、それは聖書に出てくるパウロの体験にも反する、と。まして河合の自由観はさらに功利主義的で、個人中心の「無道徳」なものだと矢内原は批判しているんですね。

アカデミズムのなかにリベラリズムを語る余地はどこにあるか

宇野　馬路さんの報告では、最後に「リベラル／リベラリズム」は政治的に有意味な言語としては、もはや使えないという指摘がありました。

それに関連して、後期ロールズの議論を思い出しました。後期ロールズの発想に立つと、功利主義者やリバタリアンなどいろいろな立場があるけれど、そういった多様な人たちが公共的な理性を用いて共に対話しながら一つの社会をつくっていくときに、どういう原則なりルールなりが必要かという議論をしていくこと自体がリベラリズムということになります。

そういう意味でのリベラリズムは、メタな次元に立つ、ある意味で究極の思想であって、そう簡単に否定されるものでもないような気がし

ではなくても、多くの社会的概念にはある種の規範的コミットメントがあるはずです。たとえば、GDPの概念でも、その成り立ちに立ち戻れば規範的コミットメントがあるはずです。しかし、GDPを用いて議論することは十分可能で、そこに規範的コミットメントがあること自体が悪いようには思えません。そこで、「何の規範的コミットメントか？」という問題をしっかり考えることが大切だということに思い至ります。

　政治的リベラリズムは宗教や道徳学説への依存を避けながら、妥当なコミットメントを行なおうとするわけです。そしてメタなものであるために、コミットメント自体ではなく、いかにコミットするかという次元においてリベラリズムは理解されると言い換えることができます。極論をすれば、共通の言語としてリベラリズムを用いてわれわれが何ができるのか検討していくこと、そのこと自体がリベラリズムの一部ということになります。この意味でのリベラリズムの役割を完全に否定することはできないと思います。そして、こうしたリベラリズムの考え方は、「寛容」などの伝統的なリベラル概念とも整合的であり、過去から未来へのリベラリズムを紡ぐ重要な見方を提供する有用なものだと考えています。

馬路　まず、アカデミズムにおいてリベラリズムを用いる余地についてですが、私は思想史研究者として、一つのリベラリズムの見方を「正統」だとする傾向に警鐘を鳴らし、対抗する、裏返せば、リベラリズムの過去からの多様な語り口を提示していく、そういう形でこの言葉を使用していくことが大切だと考えています。一つの見方への収斂を防ぐこと、と言えます。

　たとえば、リベラリズムの「正統な」伝統をロールズに帰そうとするとき、当人にその意図がなくとも、私たちが拠って立つ歴史的な言説世界に多様なリベラリズムの語り方が存在する以上、そこには規範的含意が生じます。他のリベラリズムの可能性を覆い隠すことになりうる、という意味においてです。そのように、正統性の設定や、より一般的に、定義することに伴う排除の可能性を認識させる、これがリベラリズムを扱う思想史研究者の役割であろうと考えています。もちろん、定義することの不可能性やその行為への批判を述べているわけではありません。

あとこれまで挙がっていない論点で一つ述べておかなければならないのは、リベラリズムと「支配」の関係についてです。

ウデイ・シン・メータ（Uday Singh Mehta）以来のリベラリズムと帝国をめぐる研究を念頭に置けば明らかですが、帝国領域においてリベラリズムは容易に支配の論理へと転化してしまいます。さきほど話に出た矢内原の思想も例外ではないように思います。リベラルなイメージの強い彼のような人物でさえ、キリスト教的愛と密接に結びついた自主主義の能力を（未だ）持たない帝国内の人々に対しては、パターナリスティックな統治、管理を容認します。さらに、イギリスのリベラリズムの伝統を見れば、そうした帝国支配との連関はとても顕著なわけです。ですので、仮にリベラルを名乗り、またはリベラリズムを再構成しようとするならば、それは歴史的に帝国統治、支配と深く結びついてきたことを踏まえてなされる必要があるでしょう。

宇野　ありがとうございます。特定のリベラリズムの語り口を採用した瞬間に、それ以外のリベラリズムの可能性が隠蔽されるというのは、その通りでしょう。また、リベラリズムと支配の論理の結びつきをどう問題化するかという指摘も非常に重要だと思いました。

趙さんはいかがでしょうか。

趙　ロールズの議論に関しては、その議論の問題意識には非常に共感するのですが、同時に、マイケル・サンデル（Michael Sandel）の批判にも納得するところがあります。それは二つのレベルを区別できるかどうかという点です。たとえばロールズの場合、キリスト教徒であれイスラム教徒であれ、多様性にもとづいてみんなが合意できる政治の領域があるはずだという前提に立ちますが、本当にそういう領域の構築が可能なのかどうか。見方によっては多様性を括弧に入れたうえで、公共的理性だけを使って正義を定立しようとする議論に見えるところもあります。ですから、多様性の位置づけに関しては、むしろサンデルに納得する点があります。

　さらに、もう少し距離を置いて眺めて見ると、ロールズの議論もサンデルの議論も非常にアメリカ的です。サンデルがロールズ批判のために持ち出す事例が、大体、人工妊娠中絶や奴隷解放の問題であることを見ると、それこそ宗教的な、あるいは人間のトータルな世界観に関わるような問題と結びついている争点ですね。このような争点が、リベラルか保守かを区分けする一つの基準として機能するアメリカの特性が濃く出ている論争のように感じます。

　最後に、これは印象論にとどまりますが、特に学術の世界で「リベラリズム」という一般名詞だけで議論を展開するのは、やはり難しい気がします。たとえば、ロールズの政治的リベラリズムやロックのリベラリズム、あるいは丸山眞男のリベラリズムというように、修飾語をきちんと付ける必要があるのではないでしょうか。馬路さんのおっしゃるように、真の客観性を目指す方向が難しいとしたら、むしろ、「趙による丸山眞男のリベラリズム」というふうに、研究者のバイアスなり見方なりを前面に出す形で議論を精緻化していくことが有益なのかもしれません。そうすれば、必ずしもリベラリズムという言葉自体を使うのをやめなくても、有意義な議論を蓄積していくことが可能になるのではないかと思います。

宇野　ありがとうございます。さまざまな論点が出ましたが、充実した議論ができました。リベラリズムというものをナイーブに語れなくなった現在、しかしなお、意味ある言説としてリベラリズムを語る可能性があるのか、あるいはないのか。このことについて、必ずしも最終的な立場は一致しませんでしたが、きちんと議論できたこと自体が大きな収穫でした。

　私自身は、やはりリベラリズムという言葉を何らかの一般性のある言説として使いたいと思っています。確かに特定のリベラリズム観をもって、それがリベラリズムのすべてだと語ることには、暴力性がつきまといます。その意味で、リベラリズムの意味自体が論争と批判に対して開かれていることが非常に重要です。その一方で、リベラリズムという言葉があまりに多義化し、ほとんど共通の意味がない言説になってしまうことにも強い危機感を持っています。どうすればリベラリズムをともに議論していくことができるのか。これからも考え続けたいと思います。

注

（1）H・L・A・ハート『法の概念（第三版）』長谷部恭男訳、ちくま学芸文庫、二〇一四年。

第５回
政治思想における過去の受容と継承

政治思想史において「受容」はもっとも重要なアプローチの一つです。ある思想家は、先行する思想家のテキストをどのように選択し、解釈し、受容したか。そのこと自体が、その思想家の価値観や思考法を示している場合が少なくありません。思想家の営為もまた、ゼロからは始まりません。どれだけ独創的な思想家であっても（あるいはそうであれば、それだけ）、過去のテキストを実に興味深い仕方で読み解いているのです。どの思想家を重視し、あるいは無視したのか、過去のテキストからいかなる問題意識や用語法を継承しているか。このことを分析することが思想史研究の醍醐味であると言っても過言ではないでしょう。

このことは洋の東西を問わず妥当します。古代以来、儒学などの重要な古典に、繰り返し注釈が加えられ、新たな解釈がなされてきたように、ギリシャやローマの著述家は絶えず参照され、批判されてきました。日本でも伊藤仁斎や荻生徂徠は、朱子学や陽明学の解釈を経ることなく、直接『論語』や『孟子』の経典批判を行なうことの意義を強調しました。福沢諭吉は和漢の書を読むと同時にギゾーやバックルを受容し、自らの固有の思想や歴史観を形成しています。中江兆民はルソーの『社会契約論』をあえて漢文で翻訳し、『民約訳解』として刊行しています。そこには兆民なりの受容の戦略があったはずです。

受容には「誤読」の可能性もつきまといます。無意識的な「誤読」もあるでしょうが、中には意図的な「誤読」もありそうです。あるいはむしろ、「すべての解釈は誤読である」というべきなのでしょうか。解釈に幅があるのは前提としても、そこに「いくらなんでも無理」というラインを引くことは可能なのでしょうか。このことも議論の一つのポイントになります。

この第5回では、日本と西洋、そして現代の政治理論家を対象に、いかに「受容」が政治思想史の重要な一部を構成しているかを明らかにします。

はじめに——政治思想における過去の受容と継承

古田拓也

夏目漱石『三四郎』の登場人物である広田先生は、日本より世界は広く、世界より頭の中は広いと言いました。頭の中、すなわち思想はこの世界の一部のはずなのに、この世界より広い。空間と時間を超越しているかのようです。この不思議を表現するために、イデアとか「世界3」といった名称が発明されました。ではこのイデアの「歴史」をどう書いたものでしょうか。歴史は時間の中の出来事や構造なのに、思想がそこを超えてしまっては歴史になりません。そこで一部の思想史家は、思想の歴史を書くためには、思想と現実の世界との接点を見つけねばならないと考えました[1]。するとまず気がつくのは「書く」という行為です。建てるとか走るとかと同じように、思ったことを「書く」のも行為ですから、言語行為論と呼ばれる哲学の着想を応用すれば、書くという行為の歴史としての思想史（発語内行為の歴史としての思想史）ができあがるはずだ。そんな風に考えられたのです。

しかし本や論考を「書く」行為は、それだけでは完結しないことがしばしばです。他の人がそれを「読む」行為につながるからです。この読む行為に注目して思想史を書くのが「受容史」です。発語内行為の歴史に対する、発語媒介行為の歴史と規定できるかもしれません（あるテクストが――誤解であっても――読者をどう動かしたか）。(2) こちらの歴史は、極めて茫漠とした対象を扱っていることになります。受容史とは、ある作品について、それがなければ生じなかったであろう事柄のすべてを、当該の作品およびその作者に関連づけておこなう歴史記述とでも定義しうるからです。範囲が広いがゆえに、非常に重みのある分野ですし、その意義もさまざまに論じられてきました。柳愛林は、テクストそのものの可能性と、それを解釈する社会のあり方が受容史を通じて明らかになると述べています。(3)

たとえば最近、『福沢諭吉　変貌する肖像』というまさに受容史を扱った新書が出ました。(4) この本は、福沢は勝手に一万円札の肖像になったわけではない、という当たり前の事実を改めて思い起こさせてくれます。『学問のすすめ』には、「一身独立して一国独立する」という福沢を象徴する言葉があります。この前半を強調するのか、後半を強調するのか、あるいは両方を生かす道を探るのかで、まったく違った読み方が出てきましたし、その違った解釈を特定の状況でどう使うかによってさまざまな評価も出てきました。戦時期には、福沢は西洋的で利己的だからダメだという人もいれば、それに反論して、いや愛国的で国権を大事にした思想家なのだと弁護する人もいたのです。さまざまな時期におけるさまざまな立場からの解釈の積み重ねが受容史を構成しています。逆に、それを見ると社会のあり方が浮かび上がってもきます。まさにこの本の帯に書かれているように「福沢がわかれば日本近現代史がわかる」ゆえんです。

受容史のなかで、私が特に面白いと思うのが、「何を言ったか」より、「誰が言ったか」が大事になることがある、という現象です。「I love you」を「月が美しいですね」と夏目漱石が訳したと聞けば、途端によい訳に見えてきますし、実際に漱石がそんな訳をしたことがないと聞けば、唐突に色あせて見えます。「誰が」を利用すること、すなわち「権威に訴える論証」（あの偉い人が言ったからこれは正しい）は、褒められたものではありません。しかし政治の議論では、パウロやジョン・ロックの名声に訴える実例に溢れています。関口佐紀がベルトラン・ド・ジュヴネルに即して指摘するように、政治とはまず「ひとがひとを動かすこと」です[5]。人は権威を受け入れることによって動かされます。ここに「権威に訴える論証」が入り込む隙間があるわけです。

　政治思想史研究の意義の一つは、この「権威に訴える論証」の暴露です。しかし現実には、政治思想史研究そのものが、まさにこの論証に堕していないかと批判されもしました[6]。トマス・ホッブズですら実は抵抗権を認めていると主張する研究書『ホッブズと抵抗権』を読んで、あのカール・シュミットは、ホッブズ論を読まされたのか、ヒトラー暗殺未遂の正当化論を読まされたのか分からないと文句をつけました[7]。しかしこのシュミットもまた、自著『レヴィアタン』で、ホッブズを読み解きながら、同時代の「ユダヤ人」的な自由主義を批判していたのです。多種多様なホッブズ論を目にしたある思想史家が、既存の研究は「無害な歴史的考察を装って、自分の偏見を最もカリスマ的な名前と結びつける手段」に堕しているのではないかと疑問を呈したのも、不思議ではありません[8]。

　「誰が言ったか」を単にうまく使っただけか、それとも、そこから離れて研究と呼ぶに値するものか——単なる政治的パンフレットなのか、現在でも意義のある先行研究なのか。この線引きは意外に難しいわけです。「誰が言ったか」に注目する受容史の意義の一つは、まさにこの線引きの品質向上にあります。他のさまざまな受容と比べてみて、単なる「権威に訴える論証」だと思われていた言及が、先行研究として検討に値する着想を提示している可能性が出てくるかもしれません。反対に、二次文献の基本的土台が「権威に訴える論証」の産物に過ぎないと明らかになるかもしれません。上村剛は、現在の三権分立観の形成にもっとも大きく貢献している「先行研究」は、ジェイムズ・マディソンによる党派的なモンテスキュー利用であったと教えてくれました。(9) 先行研究の「偏り」を矯正する効果を、こうした受容史研究は有していると言えそうです。

以上、私の思う受容史の面白いところを簡単に述べてきました。ここからは、柳愛林さんと関口佐紀さんの二人によるご報告と、上村剛さんによるコメントに入ります。実例や理論に即して、政治思想における過去の受容と継承の醍醐味の一端が浮かび上がってくるはずです。

【付記】本稿はJSPS科研費21K13230の助成を受けた研究成果の一部である。

注

（1）John Dunn, ‘The Identity of the History of Ideas’, *Philosophy*, 43 (164), 1968, p. 92.

（2）J・G・A・ポーコック『徳・商業・歴史』田中秀夫訳、みすず書房、一九九三年、三〇―三一頁。

（3）柳愛林『トクヴィルと明治思想史――〈デモクラシー〉の発見と忘却』白水社、二〇二一年、一六頁。

（4）小川原正道『福沢諭吉）変貌する肖像――文明の先導者から文化人の象徴へ』筑摩書房、二〇二三年。

（5）関口佐紀「科学と哲学のあいだの政治学――ベルトラン・ド・ジュヴネル『純粋政治理論』読解」『政治哲学』第二一号、二〇一六年、一〇三頁。

（6）犬塚元「政治思想史」『ポリティカル・サイエンス入門』坂本治也・石橋章一朗編、法律文化社、二〇二〇年、一九七頁。

(7) このシュミットの書評は、P・C・マイヤー＝タッシュ『ホッブズと抵抗権』三吉敏博・初宿正典訳、木鐸社、一九七六年に「付録」として付されている。

(8) クェンティン・スキナー『思想史とはなにか──意味とコンテクスト』半澤孝麿・加藤節編訳、岩波書店、一九九〇年、六一頁(訳文を一部変更)。ただしスキナーがこのルールを守れているかどうかは、また別の問題である。

(9) 上村剛『権力分立論の誕生──ブリテン帝国の『法の精神』受容』岩波書店、二〇二一年、三〇二─三〇三頁。

一七世紀から一九世紀の日本政治思想における過去の受容と継承

柳　愛林

はじめに

これまで、日本政治思想史の研究は一人の人物を中心にした研究が主流でした。福澤諭吉や中村敬宇など思想史上に重要な人物を扱って「○○の思想」と題する研究が大半を占めます。このような研究は、取り上げる人物の思想そのものに焦点を当てることで、深度ある研究が可能になります。一方、「受容」される対象を軸にして研究する「受容史」の場合、対象になった思想の特徴や受容した人物とその人物の時代の背景がもっと鮮明に見えてきます。また、「日本」という空間に限らない思想の拡散と受容、継承の歴史を描くことも可能になります。このような点に注意しながら、一七世紀から一九世紀の日本の政治思想における「受容」について述べます。

「儒学」を軸にして——江戸中期

儒学は東アジアの政治思想を研究するに当たって、欠かせない研究対象です。儒学の研究は、儒学が誕生した中国の政治思想だけではなく、それを受容して積極的に政治原理の構築に適用し、独自の思想に発展させた朝鮮の政治思想の研究にも大きい部分を占めています。日本の政治思想研究でも同様です。

日本の場合、五世紀頃から儒学の経典などが流入しますが、一七世紀の半ばには政治や道徳議論に大きな影響を及ぼすことになります。この時代、儒学の受容と研究が活発になったのはなぜでしょうか。それは、戦国時代が終わり、太平の時代が訪れたからです。武力ではない、太平の時代に相応しい統治原理が必要になりました。統治原理が完全に儒学的に切り替わった訳ではないですが、このような時代変換は積極的な儒学の受容に繋がります[1]。

では、なぜ儒学だったのでしょうか。一部の時代を除き、儒学は中国とその周辺部の国々を支配してきた理念になります。一七世紀の日本人に、中国とその周辺部の秩序を維持している儒学は魅力的でした。つまり、すでに長い間、統治原理として利用されてきた儒学、その歴史が一種の権威になっていたと言えます。儒学の受容はこの権威に起因します。

しかし、同じ時代的脈略のなかでも、儒学は受容の主体によりさまざまな形で摂取されるようになります。伊藤仁斎、新井白石、荻生徂徠。一七世紀に活躍した代表的な儒者たちの儒学の受容の様子には相違があります。

三人の特徴は「鬼神」に関する議論によく表れています。『論語』の先進篇には次のような文章が見られます。

> 弟子の季路が「鬼神」に事《つか》えることについて孔子に聞いた。孔子が答えた。「人に事えることができなければ、どうして鬼神に事えることができるか」。敢えて「死」について聞くと、次のように答えた。「まだ生を知らないのに、どうして死を知るか」と。

これについて、南宋の儒学思想家で、性理学つまり朱子学を集大成した朱熹は、『集注』において以下の通りに解釈します。「鬼神に仕える事を問うとは、なぜ祭祀に奉仕するかということの意味」であり、「死」から逃げられない人間は「死」についても知る必要があると。また、彼は「本来二つの理」はなく、生と死も一つの理、つまり同じ原理に基づいているとも言います。しかし、理は一つではあるが「生」を知ってから「死」を探究することが大事で、その「学」には順序があることを強調しました。

伊藤仁斎（1627-1705）は、このような朱子の注を否定します。初期の仁斎は朱子学を学びましたが、徐々に朱子学を厳しく批判し独自の思想を形成しました。仁斎は『論語』の注釈書『論語古義』を執筆しましたが、その中で以上の章について「生存の道に尽力して、死後の道理を求めてはいけない」とし、「死」という「知り難いことをあえて知ることを求めてはいけない」と述べます。

「死」とはそもそも「学」の対象にはならないわけです。

また、荻生徂徠（1666-1728）の場合、朱子が「理」を通じてこの章を説明したことを批判しますが、仁斎とは違って「鬼神に仕える」ことを「祭祀」と解釈し「礼」、つまり制度の側面からアプローチしました。徂徠は『徂徠集』の「私擬対策鬼神一道」において「聖人は鬼神の祭りを制定し、それによって人々を統一」したと主張しますが、このような論語の解釈は、『政談』などの著作における政策構想にもつながります。

最後に新井白石（1657-1725）です。白石は『鬼神論』において、この章を引用します。徳川綱豊（家宣）の儒者として『集注』などを進講した白石は、朱子の解釈を継承し、「理」と「気」で鬼神の説明を図ります。また『礼記』を引用し鬼神を「祭ること」と「礼楽」の関係の議論に発展させます。江戸時代のどの儒者よりも統治に深く関与し、徳川の政治に「礼楽」に基づいた制度を導入しようした白石らしい議論です(2)。

同じ江戸中期に活動した三人の受容の様子が異なっているのは、三人が持っていた個人的背景によります。豊かな町人の息子で、京都を主な舞台として活動した仁斎の儒学の理解や解釈は哲学的・学芸的側面が強かったと言えます。決して豊かではなかった下級武士の息子だった白石は、仕官して生計を立てるために儒学を学びました。統治に直接関わるようになると、隣の国に置いても政治原理として働いている儒学、特に朱子学を積極的に政策に反映します。江戸出身の徂徠の場合、身近で白石の朱子学的改革の失敗を目撃し朱子学から離れ、独自の「徂徠学」を展開しました。しかし、幕府のある江戸で活躍した徂徠には仁斎のように教養として儒学を受容することは不可能だったので、儒学をもとに政策を構想するようになります[3]。
以上のように、儒学、つまり受容の対象を軸にして受容された時代やその主体を比べてみると、それぞれの特色がよくみてとれます。

『神皇正統記』を軸にして――江戸後期

次に、同じ国のなかでの受容と継承についてみていきます。北畠親房（1293-1354）が南北朝時代に、南朝の正統性を主張するために書いた『神皇正統記』は、日本という空間において時代を超えて何度も受容と継承の歴史を描いています。ここでは江戸から明治へと、時代の変わり目に成立した後期水戸学における受容を簡略に紹介します。

水戸学は、簡単に言うと水戸藩で形成された学問です。第二代の水戸藩主である徳川光圀は『大日本史』編纂プロジェクトを始めましたが、それに伴って形成、展開されたのが水戸学です。特に、第九代藩主の徳川斉昭のもとで行なわれた学問を後期水戸学といいます。藤田幽谷を始めとし、彼の息子である東湖、尊王攘夷論を体系化したとも言われる『新論』を著した会沢正志斎などが後期水戸学の代表的な顔ぶれです。

後期水戸学の場合、『神皇正統記』における「国体」に焦点を当てて、受容することになります。幽谷の国体は、「皇統の無窮性を中心とする日本という国の本来性を表現する概念」です。正統な皇位はどう継承されてきたのか、という前期水戸学の関心と解釈を踏まえたうえで、日本だけが持つ特殊性を「国体」と定義します[4]。

　では、この国体が受容の軸になった理由は何でしょうか。日本思想史研究者の斎藤公太さんによれば「国体」は社会統合や対外関係を語る時によく登場します。後期水戸学の時代は国内的には寛政の改革など徳川政治体制の再建が試みられた時代です。また、ロシアの船が根室を訪れ、水戸藩の領地である大津にイギリス人が上陸した、大津浜事件が起こりました。つまり、国内的・対外的危機を克服するために国体が強調されました。このような時代的脈略のなか、受容と継承の過程で『神皇正統記』は変奏されました。ここでは、江戸後期だけを扱いましたが、『神皇正統記』が繰り返し復活した痕跡を辿ることで、時代の特徴をよりはっきりさせることが可能になります。

「西洋思想」を軸にして——明治初期

　後期水戸学の影響を受けた尊王攘夷運動の幕末を経て、日本は明治という新しい時代を迎えます。明治初期は、西洋の文物が洪水のように日本に流入した時代です。次はこの新しい時代の西洋思想の受容と継承をみていきます。

　この時期、自然科学書はもちろん、政治思想に関する書物も多く翻訳されました。以下は、一部の代表的な政治思想関係の翻訳書です。


J・S・ミル『自由論』（1859）→中村敬宇『自由之理』（1872）

モンテスキュー『法の精神』（1748）→鈴木唯一『律例精義』（1875）
トクヴィル『アメリカのデモクラシー』（1835）→肥塚龍『自由原論』（1881）
ルソー『社会契約論』（1762）→中江兆民『民約訳解』（1882）
ホッブズ『リヴァイアサン』（1651）→『主権論』文部省編輯局（1883）

ここではトクヴィルの『アメリカのデモクラシー』の受容、特に福澤諭吉を中心とする受容と継承について述べます。[5] 福澤のトクヴィル受容を明らかに確認できるテクストは明治一〇年に発表された『分権論』です。このなかで、福澤諭吉は、『アメリカのデモクラシー』の第五章「連邦政府について語る前に個々の州の事情を研究する必要性」を引用します。「政治の集権」と「行政の分権」が、この章において注目すべき概念です。

国の円滑な運営や繁栄のためには政治は中央に集中すべきであり、行政は分散し自治に任せるべきである。アメリカの制度を紹介しながら、トクヴィルはこう主張します。フランス革命後、すべてが中央集権化されたフランスへの提言であり、その現状への批判でもあります。これを福澤は受け入れ、「政権の集合」、「治権の集合」とそれぞれ訳し、前者を肯定、後者を激しく批判します。

福澤は、明治維新後の不安定な日本の状況を背景に、このフランス人の議論を受容します。彼は『分権論』において、慶應義塾刊行の『家庭叢談』第二三号に掲載された、小幡篤次郎の「仏人トクヴィル氏ノ著書『デモクレーセ、イヌ、アメリカ』」の訳文をほぼそのまま引用しています。小幡は訳文を紹介する前に次のように述べます。「今ヤ我邦人ノ義気漸ク衰ヘ人々国ノ存スル所ヲ知ラズシテ五里霧中ニ漂泊スルハ、吾人ノ共ニ慨歎スル所ナリ」と。具体的にこれはどのような状態でしょうか。福澤は『分権論』で次のように述べています。「維新以来国内兵乱の著しきものは、長州奇兵隊の乱なり、次で佐賀の乱なり、また本年、熊本及び萩の乱なり」と。つまり、明治維新以来の乱や騒動は義気が衰えた結果でした(6)。

社会的・政治的不安定や義気の衰えは、売国奴さえ誕生させ、日本の存立を脅かすというのが福澤の見方でした。このような事態を防止するため、また義気を回復させるために、福澤はトクヴィルの議論を借りて、治権の分権と自治を提案します。

『アメリカのデモクラシー』執筆の際、トクヴィルの脳裏にあったのはフランス革命後の不安定な現状でした。特に福澤が引用する第五章の場合、パリにすべてが集中する状況を念頭に書かれましたが、福澤の目に映った明治維新後の日本も、革命後のフランスと類似していました。すべてが東京に集中する状態は義気の衰えの原因で、これを解消することが必要である。行政の分権と自治を通じて義気を養うことこそが、ネーション・ステートの形成と繁栄に必要である。このような主張を強めるために福澤はトクヴィルの議論を受容し、引用したのです。

そして、トクヴィルと福澤を媒介にすると、フランソワ・ギゾーの封建論から植木枝盛の連邦論までの、国と時代を越えた受容と継承関係を描くことも可能です。

『文明論之概略』(1875)の執筆の際に福澤が参照したのはギゾーの『ヨーロッパ文明史』(1828)ですが、この基になった講義にトクヴィルが出席したことは有名です。そして、ギゾーの自由や独立を強調する封建制論がトクヴィルの自治論に繋がりました。この思想が海を渡り、福澤に継承され、慶應義塾出身の永田一二に、そして永田の愛国社の同僚である植木枝盛に繋がります。明治の開国を機にして、思想の受容と継承の範囲がより広がったと言えます。

おわりに――受容史、境界を超える思想史研究の始まり

イギリスの政治哲学者、マイケル・オークショットは、論文「現在、未来、および過去」において、歴史的過去、実用的過去などを説明し分類しています。そのなかで、実用的過去の「貯蔵庫」という例を出し、説明を展開しています(7)。この貯蔵庫の比喩を借りて説明します。

政治思想に関する品物は、この貯蔵庫に保存されています。この貯蔵庫に関心のある人はそこに訪問し、自分に必要な、時代や目的に適した思想を選択し、持ち出し、利用します。この過程で、思想はそれが誕生した時のままではなく、変容します。変容するから「実用的」なものになれます。

政治思想史の研究では、「どこの」「誰」が「いつ」「何を」貯蔵庫から「なぜ」取り出し「どう」活用したのかを追跡します。どの要素に重点を置くか、どれを軸にするかによって異なる形の政治思想史研究になります。受容史は「何を」を軸に研究する方法と言えます。また、最近人口に膾炙しているグローバル・ヒストリーの方法としても受容史を活用することができます。

多くの政治思想史研究は「どこの誰」を軸になされてきました。日本政治思想史の場合「日本における日本人」の思想を中心軸とする場合が多いです。「西洋」政治思想史や「アジア」、「東洋」政治思想史も地域を基準にし、その領域のなかで活躍した思想家を扱います。大学の授業の「政治思想

史」あるいは「政治学史」の場合、ほとんど世界の一部だけを対象にします。しかし、「受容史」は国、地域、そして文化圏を超える、世界各地の貯蔵庫から「何」が取り出されて活用されたのかを探ります。そうすることで、限定された地域の政治思想史ではなく真なる「政治思想史」を描くことができると思います。

注

（1）一七世紀日本における儒学の受容については、渡辺浩『日本政治思想史――十七世紀～十九世紀』東京大学出版会、二〇一〇年、八八～九四頁を参照。

（2）以上、『論語』のさまざまな注や現代語訳については以下を参照した。朱熹『論語集注3』土田健治郎訳注、平凡社、二〇一四年、二二二～二二五頁；子安宣邦『仁斎論語 下』ぺりかん社、二〇一七年、一七～二〇頁；荻生徂徠『論語徴2』小川環樹訳注、平凡社、一九九四年、一〇五～一〇七頁。また、鬼神論に関しては以下を参照した。新井白石「鬼神論」『日本思想大系35：新井白石』岩波書店、一九七五年；荻生徂徠「私擬対策鬼神一道」平石直昭編『近世儒家文集集成3：徂徠集』ぺりかん社、一九八五年；子安宣邦『新版 鬼神論』白澤社、二〇〇二年、二六～五九頁。

（3）三人の儒者の比較は前掲・渡辺浩『日本政治思想史』の一七七、一七八頁を参照。

（4）後期水戸学と、幽谷の『神皇正統記』の受容については、斎藤公太『「神国」の正統論――『神皇正統記』受容の近世・近代』ぺりかん社、二〇一九年、二六〇～二六六頁を参照した。引用は二六四頁。

（5）以下の議論は、柳愛林『トクヴィルと明治思想史――《デモクラシー》の発見と忘却』白水社、二〇二一年、一八三－二二六頁を参照。

（6）福澤諭吉『分権論』『福澤諭吉全集』第四巻、岩波書店、一九七〇年、二四一頁。

（7）Michael Oakeshott, "Present, Future and Past," *On History and Other Essays*, Oxford: Basil Blackwell, 1983, pp. 39-40を参照。

政治思想における過去の受容と継承——近代フランスにおけるタキトゥス受容の意義

関口佐紀

はじめに

近代の政治思想において古代ローマの歴史は重要な参照点であり、統治論として重宝された着想源の一つが歴史家コルネリウス・タキトゥス（c. 56-c. 120）でした。紀元一世紀末から二世紀にかけて四冊の歴史書と一冊の雄弁論を著したタキトゥスは、共和政から帝政へ移行したローマにおいて自由を失い隷従を甘受する市民の政治的な価値観や振る舞いの変化を語り、その一方で選挙や合議制の慣習を維持し質実剛健な気風を見せるゲルマン人の習俗を対照的に描きました。ルネサンス期ヨーロッパで「再発見」されたタキトゥスの著作は、帝政ローマ期への批判的な眼差しとゲルマン的な自由への憧憬と相俟って、「ヨーロッパ人の政治認識や自己認識」の形成に寄与したのです[1]。こうしたヨーロッパの伝統の中で、興味深いことに、タキトゥスの描く皇帝たちの伝記や演説は時代ごとに異なる読まれ方をしています。彼の著作は、特に一七世紀には君主による策略をめぐらした統治の秘訣を求めて読まれ、一八世紀には専制君主を批判する契機として繙かれました。こうした古典的著作の

「利用」の変遷は、後世の人々が古典から何を「受容」し、何を「受容」しなかったかを物語っています。そこで本稿は、近代フランスにおけるタキトゥスの「受容」の変化に潜む意義を考察します。本稿の具体的な目的は以下の二点です。第一に、一七世紀から一八世紀にかけて、タキトゥスの「受容」の形式がいかに変化したのかを明らかにすること。第二に、特に一八世紀フランスにおけるタキトゥス「受容」にはどのような特徴や意義があったのかを考察すること、です。

最初に先行研究を確認しましょう。ユルゲン・フォン・シュタッケルベルクの研究では、一八世紀フランスでタキトゥスを抄訳したダランベール、ディドロ、ルソーの三者が比較されました[2]。それによれば、三者の比較から浮き彫りになるのは各翻訳者の才能です。たとえばダランベールは、タキトゥスの作品がより広く共有されるよう、平易に翻訳しています。ディドロは、彼が得意とした演劇風に演出された翻訳を提供しています。そしてルソーは、タキトゥスを雄弁家として伝えるために翻訳しました。このような一八世紀の例に基づくと、タキトゥスの翻訳には各翻訳者の意図や特徴が反映されると理解することができます。

本稿は、タキトゥスという過去の一つの起点から、後世の個別の思想家へ至る一本の線を辿るだけではなく、その一本の線が他の線とどのように交わるのかを探ります。もしかすると、古代から近代へ繋がる一本の線だけではなくて、近代の中でも互いに交差する線が存在し、それらが拡がりを持った平面を織り成しているかもしれません。ここから、古代から近代への影響関係を分析する政治思想研究とは異なる視点で、複数の平面が交差するような空間として政治思想を捉えることができると期待しています。

近代ヨーロッパにおけるタキトゥス受容の定着

近代ヨーロッパでは、一六世紀後半からタキトゥスへの関心が高まります。まずは他の古典同様、修辞学の観点から文体研究の対象として注目を集めました。たとえば、フランス出身の人文学者マルク＝アントワーヌ・ミュレが、一五六〇年頃からローマ大学の修辞学講座でタキトゥスを教えました。さらに一六世紀後半には、フラマン人の人文学者ユストゥス・リプシウスによる校訂版が出ます。一五七四年に出版された全集の注釈は限定的でしたが、再版を重ねる中でリプシウスの手によって注釈が拡充されました。[3] 政治的な示唆に富んだその校訂版は、修辞学的な観点からのみならず政治的教訓としても関心を集めました。そしてフリードリヒ・マイネッケが指摘したように、リプシウスの校訂版はいわゆる国家理性（レゾン・デタ）の偉大な教師としてのタキトゥス像を形成し、とりわけ政治的な利用に供されるタキトゥス「受容」を確立しました。[4]

一七世紀には、フランスでもタキトゥスの翻訳が行なわれます。ただ初期の翻訳は、美文ではあっても、原典に忠実かつ精確な翻訳ではありませんでした。タキトゥスの仏語訳は、他のラテン語作家と比べると出版数がかなり多かったようです。[5]

フランスでのタキトゥス翻訳の特徴は、廷臣やアカデミー・フランセーズの会員など国王に近い立場の人々の手に成り、国王に献呈された点にあります。[6] たとえば、アンリ四世の勅命で着手された翻訳では、「国家をよく統治することを知るために国王および偉大な君主たちに相応しい唯一の著者」

としてタキトゥスが紹介されています。[7] こうした傾向から、一六世紀末以来の政治的混乱を解決し、君主政のもとで安定を実現するための知恵としてタキトゥスが参照されたことが読み取れます。彼は、戦争における偉大な勝利や栄光、貴族と平民の紛争を描くのではなく、ときに法と国制を破壊し、ときに臣民による反乱に見舞われる主君たちを描いた点で、そこから君主が学ぶべき教訓の多い有用な歴史家とみなされたのです。[8]

しかし時代とともに、タキトゥス「受容」に変化が生じます。一七世紀後半以降、タキトゥスは君主のための教訓としてより、宮廷での振る舞いや情念の制御といったモラリスト的な観点から関心を集めました。その顕著な例は、歴史家アムロ・ド・ラ・ユーセイです。それは、国王の勅令によるでもなくその子息のための教育としてでもなく、廷臣でもアカデミー・フランセーズの会員でもない人物によってタキトゥスが翻訳された、興味深い転機です。さらに、内容にも変化が見られます。一六八六年に出版された『タキトゥスの教訓、諂いについて』は、タキトゥスの著作から特定の皇帝を取り上げる従来の形式を踏襲せず、「諂い（flatterie）」にまつわるエピソードを蒐集した抄訳でした。このテーマ選択には、世間の人々が「諂い」を非難しながらも、実際にはそれによって大貴族を喜ばせることができると考えていることを風刺的な教訓として描く意図が込められています。つまりそれは、貴族に向けて、宮廷ではどのように振る舞うか、どのように情念を制御するかを指南したものと読めます。リプシウスの時代とユーセイの時代とを比べると、タキトゥスの翻訳・注釈をとおして注釈者個人の政治的な見解を表明するという意義は継承されつつも、そこで表明される政治的な見解やその対象者は時代に応じて変化したことが分かります。[9] 端的にいえば、翻訳・注釈という形式が受け継がれても、そこから引き出される教訓が「誰に」向けられるか、そこから「何を」引き出すかが同じように「受容」されるとは限らないのです。

一八世紀フランスにおけるタキトゥス受容

一八世紀フランスには、さまざまな思想家が著作でタキトゥスに言及します。顕著な共通点としては、専制批判にタキトゥスが援用される点が挙げられます。たとえばモンテスキューは『ゲルマニア』に依拠し、農業ではなく牧畜や戦争によって生活を営む質実剛健なゲルマン人の習俗や集会と選挙に特徴づけられる民主的な政治に注目しました[10]。またダランベールは、『年代記』からの引用によって、言説の腐敗と権力増大の相関関係、雄弁と政治的自由の相即関係の分析を裏づけました[11]。こうした個別の思想家におけるタキトゥスの影響や、タキトゥスを参照する意義については研究が重ねられてきましたが、本稿では「受容」の過程に着目して、一つの興味深い側面を浮かび上がらせます。それは、ラテン語からフランス語への翻訳経路のほかに、ラテン語から英語への翻訳を介してフランスで「受容」されたタキトゥスです。

ダランベールは『年代記』と『同時代史』の抄訳においてスコットランドの共和主義者トマス・ゴードンに頻繁に言及するため、彼の『タキトゥス論』を参照したと推察できます[12]。ゴードンの翻訳は自身の専制批判を補強しうる箇所を意図的・操作的に要約していますが、ダランベールはこのようなゴードンの要約を批判することもなく、ダランベール自身の専制批判をゴードンの解釈に重ねていると読めます。[13] このような「受容」に着目すると、古代ローマと近代フランスとの繋がりのみならず、イングランド・スコットランドとフランスとの繋がりも浮かび上がります。

つぎに、同時代の思想家であるルソーに光を当てたいと思います。彼の執筆活動の初期の段階では、タキトゥスを賞美するような当時の風潮への反発からか、否定的に評価しています。[14] しかしルソーは、一七五四年頃から『同時代史』の翻訳に着手します。特に同書の第一巻は他のラテン語による歴史書と比べても演説の占める割合が多く、ルソー自身が「聴衆を前にして話すことを望んだ」ときに、「書くことを学ぶ必要があると感じた」と述べていることから、「話すこと」と「書くこと」が一致しているタキトゥスの『同時代史』を選択したと考えられます。[15] ここには、ラテン語の文体の模倣といった伝統的な古典受容の形式が見出されます。

さらに、『人間不平等起源論』の中では、専制批判の文脈でタキトゥスが引用されます。[16] 興味深いのは、イングランドの共和主義者アルジャーノン・シドニーの『統治論』からの借用である可能性が高いことです。[17] つまり、ゴードンを参照したダランベールと同様に、イングランド・スコットランドの共和主義者による専制批判の形式がフランスへ受け継がれる様子が看取されます。その後、自分の手でタキトゥスを翻訳しつつ学ぶ過程を経て、一七六〇年代前半に出版された『社会契約論』から『山からの手紙』にかけてもタキトゥスを度々引用しています。[18] これらはいずれもタキトゥス『同時代史』の参照ですが、ここからは暴力や計略で人民を支配しようとする統治者への批判よりも、自らの意志を統治者の意志に委ねて服従に甘んじる人間の傾向にたいする批判が読み取れます。要するにルソーは、かれに特徴的な自由の観念を想起させつつ、タキトゥスの著述を巧みに自らのテクストに織り込んで自説の主張に活かしているのです。ここから、あるテクストの「受容」が伝統的な文脈の中で反復される一方で、特定の思想家の際立った独自性と結びついて、新たな「受容」の枠組みが作られると考えられます。

結びにかえて

最後に、近代におけるタキトゥス「受容」の分析をとおして見出された、政治思想研究における「受容」の意義をまとめます。第一に、あるテクストの翻訳および注釈に仮託して自らの政治的見解を表明する「受容」の形式は脈々と受け継がれても、その内容には時代ごとの特徴やニーズが反映されるため、「受容」から歴史的背景が浮き彫りになることです。第二に、過去の思想を近代において「受容」することは、過去との対話という意味だけではなく、同時代間での対話という意味を持ちます。そこで、「受容」に着目して研究を行なうことで、こうした国境を横断する思想史研究の可能性が広がると期待できます。第三に、とりわけ政治権力の批判においては、古典としての地位を確立したテクストの「利用」には、修辞学や文体の研究という装いのもとで論者の立場を保護しつつ、自身の主張の補強をする効果もありました。一八世紀フランスにおいて、タキトゥスの著作の中でも特に演説の多い『同時代史』の翻訳に関心が向けられたことは、過去の「思想」の受容において、「誰が」「何を」語るかのみならず、「いかに」語るかが問題になることを物語っているといえます。

【付記】本稿はJSPS科研費21K01309の助成を受けた研究成果の一部である。

注

（1）宇野重規『西洋政治思想史』有斐閣アルマ、二〇一三年、三六頁。

（2）Jürgen von Stackelberg, « Rousseau, d'Alembert et Diderot, traducteur de Tacite », *Studi francesi*, ii, Genève : Slatkine Reprints, 1958, pp. 395-407.

（3）Jeanine De Landtsheer, "Annotating Tacitus: The Case of Justus Lipsius", in *Transformations of the Classics via Early Modern Commentaries*, edited by Karl A. E. Enenkel, Intersections : interdisciplinary studies in early modern culture, 1568-1181, vol. 29, Leiden : Koninklijke Brill NV, 2014, p. 280. 校訂版のリストについては、cf. Jeanine De Landtsheer, "Commentaries on Tacitus by Justus Lipsius: Their Editing and Printing History," in *The unfolding of words : commentary in the age of Erasmus*, edited by Judith Rice Henderson ; with the assistance of P. M. Swan ; translations from the French by Karen Mak and Nancy Senior, Erasmus studies, Toronto, [Ontario] ; Buffalo, [New York] ; London, [England] : University of Toronto Press, 2012, pp. 233-234.

（4）マイネッケ「近代史における国家理性の理念」『世界の名著五四）マイネッケ』林健太郎訳・編集、中央公論社、一九六九年、七六頁。

（5）Jacob Soll, "Amelot de la Houssaye and the Tacitean Tradition in France," *Translation and Literature*, vol. 6, No. 2, 1997, pp. 187-188.

（6）Ibid., p. 189.

（7）Rodolphe le Maistre, *Œuvres de Tacite, Paris*, 1636, pp. 2-3.

（8）Soll, 1997, pp. 192-193.

（9）Soll, 1997, p. 200.

（10）モンテスキューが一八世紀の「一種のタキトゥス・ブーム」の起爆剤であったことについて、cf. 川出良枝『貴族の徳、商業の精神――モンテスキューと専制批判の系譜』東京大学出版会、一九九六年、二七五頁注8。

(11) ダランベールの論考の分析について、cf. Orest Ranum, “D’Alembert, Tacitus, and the Political Sociology of Despotism”, in *Transactions of the Fifth International Congress on the Enlightenment*, Vol. II, Studies on Voltaire and the Eighteenth Century, 191, 1980, pp. 547-558.

(12) Ranum, 1980, pp. 554-555.

(13) *Ibid.*

(14) Jean-Jacques Rousseau, *Œuvres complètes de Jean-Jacques Rousseau*, éd. publiée sous la direction de B. Gagnebin et M. Raymond, tome IV, Paris, Gallimard, 1969, pp. 29-30. 以下、同全集からの引用は*OC*と略記し、該当巻をローマ数字で併記する。

(15) *OC* I, p. 394; *Jean-Jacques Rousseau, traducteur de Tacite*, presenté et annoté par Catherine Volpilhac-Auger, Saint-Étienne, Publications de l’université de Saint-Étienne, 1995, p. 25.

(16) *OC* III, p. 183 ; *OC* III, p. 191.

(17) ルソー全集の編者であるJ・スタロバンスキーによれば、ヌーシャテル図書館に所蔵されているルソーの草稿に、シドニーの著作からの抜粋が遺されている（*OC* III, p. 1353n4）。ルソーが引用する文章はリプシウス校訂版とは異なる箇所があるが、シドニーのテクストとは同じである点に鑑みても、孫引きである可能性は高い。

(18)『社会契約論』第三篇第六章（*OC* III, pp. 411-412）；同第四篇第二章（*OC* III, pp. 439-440）；『山からの手紙』第八の手紙（*OC* III, p. 842).

「書き手」とは何か——報告へのコメント

上村　剛

私のコメントでは、私の考える受容研究の意義を話し、その後お二人に一つの質問をします。

まず受容研究の意義について。思想史研究者には周知のことですが、この半世紀ほど思想史研究では、書き手の意図と、意図がどう生じたかという文脈を捉える研究が盛んです。他方で書かれたものをいかに受け取るかは見落とされがちだったため、そこに力点を置く受容研究も流行っています。この点で、従来の政治思想史の相対化が、受容研究の一つの意義だろうと考えられます。

意図と受容と分けましたが、ありがちな誤解として、受容というのは何でも受け取れる、つまり、著者の意図を離れて勝手に自分の読みたいように読解可能というものがあります。これは必ずしもそうではありません。『行為としての読書』でヴォルフガング・イーザーは書き手による「受容の予示」を強調します。書き手はあらかじめどのように受容されるかのシグナルを発しているので、読む者が好き勝手に解釈できることにはなりません。なので、古田さんが最初に「権威に訴える論証」と言ったとき、本人が言ったか分からないことも本人の名前を借りて言うことを「受容」に含めましたが、私はもう少し絞って受容という言葉を考えた方がいいと思っています。

また、この「読む」という行為も受動的ではなく、能動的であるということが言われます。最近ではマーク・タウジー『英米において歴史を読むこと、一七五〇―一八四〇年』という二〇一四年の本（未邦訳）がその例です。「読む」という行為の能動性に着目すると、その行為が行なわれる文脈がまた大事になります。私たちは、無条件に自由に本を選択できるわけではありません。本棚にあるか、本屋で売られているか、禁書になっていないか、翻訳されているかなど、社会状況が先にあります。あとは文化コードみたいなもの、たとえば男性が／女性が読むべき本といった性別のコードもあったりして、時代時代でいろいろな読書行為の文脈があります。ですので、読書行為は社会史あるいは文化史と絡めて研究されるべき、という考えも最近の潮流にはあると思います。

次に、先ほどの「受容の予示」に関連して、お二人に共通の質問をお尋ねします。それは、「書き手とは何か」です。つまり、書き手あるいは書かれたテクスト、たとえば柳さんだと明治日本にとってのトクヴィル、関口さんだとフランスやルソーにとってのタキトゥスが、どのような存在として捉えられているかということです。

受容という語は曖昧で無制限に意味が膨らむ気もするので、少しここで整理を施します。書き手というのは以下の形で整理可能なのではないか、と私は思っています。

まず、a．過去の書き手を自分の直接の祖先として捉えるとき。正統性の確保という政治的利用の意味を含んで、書き手を捉える。第二に、b．直接の祖先ではなくて、自分と違うからこそ、モデルや参考例として活用するという書き手像もあると思います。あるいは他山の石として、自分が繰り返

・書き手をａ．直接の祖先（＝正統性の確保）として捉える
ｂ．他山の石（範例、第一原理、繰り返すべきではない失敗例）として捉える
ｃ．普遍的な理論として受容する

・受容のタイプ

(ア)	国と時代を超えて	タキトゥス	(c)	(ア)
(イ)	国を超えて（時代は近い）	トクヴィル	(b)	(イ)
(ウ)	同じ国で時代を超えて	『神皇正統記』	(a)	(ウ)
(エ)	国も時代も同じ			

すべきではない失敗例として捉えるという態度もあると思います。第三に、ｃ．普遍的な理論として捉える。最も優れているため、時代や場所を超越して受け取る価値がある。そういう書き手もいそうです。こう三つに分けたとき、お二人が言及された受容者たちはどう書き手を捉えたか、という質問です。

私のほうで仮説を提示すると、順番が前後しますが、国と時代を超えた普遍的な存在として受容したｃの例が、タキトゥスや孔子。そして、国を超えているが時代的には割と近いのがトクヴィルと福澤。これがｂでしょうか。時代を超えているが同じ国の存在として『神皇正統記』。これがａ。最後に「国も時代も同じ」と書いたのは、そういう受容例も理論的には存在すると思うのですが、今回のお二人のご報告ではいなかった気がするので、空欄にしておきました。

最後に、このように書き手の意味を考える意義を示すために、私自身の研究に引きつけて二つばかり事例をご紹介したいと思います。

たとえば、同じ書き手でも同時代で意味が異なる例が、モンテスキューとアメリカ建国です。モンテスキューがアメリカの独立のときによく参照されたのは、一七八七年に連邦憲法を作り、邦（現在の州）がそれを批准

したときです。一番有名な例としては、ジェイムズ・マディソン（第四代アメリカ合衆国大統領であり、連邦憲法の主要な執筆者だったため「アメリカ合衆国憲法の父」と通常呼ばれる）が『フェデラリスト』の四七編で、「権力を分けるという主題に関して常に参照、引用されてきた賢者こそ、高名なモンテスキューである」と言っています。権力分立について「人類に向けて最も効果的に注意を向けた功績がある」と一七八八年一月三〇日に書いているのです。

ですが、その約二週間前には、まったく別の理解がみられます。マサチューセッツ邦のなかで連邦憲法の批准会議を開いたときに、のちに州知事になるクリストファー・ゴアという人物が、次のように言います。モンテスキューが『法の精神』を書いたとき、彼は基本的にギリシャとかローマのことを念頭に置いて議論していたので、そういう議論を、本質的に異なるアメリカの合衆国憲法について考える際に持ち出すのはあまり意味がない、と。

面白いのは、二週間の差しかないにもかかわらず、モンテスキューという人が一方では公理を作り上げた人として普遍的に受容され、他方で、あの人は古典古代の人、別の時代のことをやっている人として切り離して利用された点です。ここが受容の面白いところだと思います。

また関口さんのご報告に関連して別の例として挙げられるのが、一八世紀前半のブリテンにおけるタキトゥス受容です。タキトゥスという帝政ローマの歴史家を論じる際には、二つの著作を区別するのが重要です。『年代記』という帝政ローマについて書いた歴史書、それから『ゲルマニア』という同時代のゲルマン部族の習俗について論じた著作です。この二つを、英語圏ではいろいろな形でこの時期に受容しています。

たとえば『年代記』の方は、当時、長らく政権を担っていて、のちに議院内閣制を確立したともいわれる政治家ロバート・ウォルポールと、彼に反対する側とが政治的に論争していて、そのなかでお互い批判するためにタキトゥスを持ち出します。この場合、ローマが英国にとってモデルになるので、その文脈でタキトゥスがよく読まれたということです。

他方で、それとは別のタキトゥスの受容が『ゲルマニア』読解です。これは、ゲルマンの森に英国の自由の起源がある、という主張の正当化のために行なわれます。タキトゥスはローマの人間ですが、ゲルマン部族の習俗を記述し、人々が直接政治に参加する形態を高く評価した、と理解されていました。一八世紀前半、一七一四年から英国はドイツの人を王様として招いてハノーヴァー朝になるので、自分たちの直接の祖先としてゲルマニアの人たちがいるという理解をとったりします。これらの結果として、現在の王朝を正当化するために、自分たちの起源がゲルマンの森にあるのだ、と『ゲルマニア』を援用する受容例が出てくる、という事態になります。

英国がゲルマンの森由来であるというタキトゥスの『ゲルマニア』受容は、英仏関係についての理解の進展にもさらに流れ込みます。自分たちの起源がゲルマンの森にあるのか否か、というのはフランスでもみられた議論です。そこで、ウォルポールに対立する政治家として知られるボリングブルックなどは、英国だけではなく、英仏ともにゲルマンの森由来の流れが歴史的に存在する、と主張するためにタキトゥスを使ったりします。これは英仏同根論という、両者の政治的対立をタキトゥスの援用によって乗り越えるものです。そうかと思えば、ボリングブルックより後になると、今度は英国のなかでフランス嫌いが増えてきて、自分たちはゲルマンの森の自由を継承しているがフランスは違う、英国とフランスを違う人たちだといって対立を煽るためにタキトゥスが英仏同根論とは正反対の形で理解されたりもします。隣国との政治的対立を乗り越えるために共通項を見出せるか否かという議論だ、と考えてみると、イメージしやすいのではないかと思います。

また、タキトゥスという書き手が時代と国を超越して普遍的かどうかということでは、たとえば哲学者として今日でも著名なデイヴィッド・ヒュームが、タキトゥスをまったく今と変わらない、と『人間知性研究』という著作のなかで述べています。かと思えば、逆に、『カトーの手紙』などを著し、一八世紀前半の優れた批評家だったジョン・トレンチャードは、タキトゥスの見解は古代のことなので現在に適用できません、とこれまたヒュームと反対のことをいったりします。

これらの例から考えたとき、書き手を思想家がどのような存在として受け取ったかということ自体の整理が、受容を考えるうえでは必要だろうと思い、「書き手というのは何ですか」という質問をします。以上です。

◆パネルディスカッション

古田拓也×柳　愛林×関口佐紀×上村　剛×宇野重規

受容の幅をどこまで認めるか

古田　関口さん、柳さん、ご報告をありがとうございました。私が「誰が言ったか」というところに注目したのに対して、関口さんはさらにそこに「いかに」語るかというモメントもあることを、縦軸と横軸の関係を基にご説明くださいました。

柳さんは、「儒学」「神皇正統記」「西洋思想」という三点を例にして、日本における政治思想の受容史について考える視点を提供してくださり、最後はグローバル・インテレクチュアル・ヒストリーの話に及んで、さらなる展開があり得るだろうということで締めてくださいました。

二人の報告を受けて、上村さんからは、「受容の予示」という議論が紹介され、さらに「書き手」がお二人にとってどう捉えられているか、という質問がありました。

最初に、私に対する批判的なコメントもあったので、そちらに応答してから、お二人に共通の質問に答えていただこうと思います。

上村さんのコメントでは、私が挙げた権威論証について、受容というのは、書き手が受容の余地という形で何か示しているものがあるのであって、好き勝手に読んで、それを勝手に引用して使って受容史だというのは少し範囲が広過ぎる。ざっくばらんに言えば、そういった形のご批判だと理解しました。

それに対して、好き勝手に解釈してよいわけではないという、その「よいわけではない」が一体何なのかというのは、けっこう難しいところがあると考えています。どういうことかというと、政治思想史を政治思想史として研究するのであれば、好き放題読んでいいわけではないことは理解できるのですけれども、全然関係ない読み方というのも現実には存在しているわけですよね。「こうは解釈できない」と思いつつも、そういう解釈があったこと自体はやはり認めざるを得ないわけです。

その外れた解釈は一体誰が扱うのかというと、やはり政治思想史家の扱う対象なのではないでしょうか。いや、むしろそういう訳の分からない勝手な権威論証というものこそ、われわれ政治思想史家が面白いものとして扱っていく価値が出てくるのではないかという気がするんです。

上村　「受容の予示」といったときに、「よいわけではない」と言ったのはどういうことかというと、単純にやはり受容の限界はあるだろうということです。具体例でいえば、ルソーが「自然に帰れ」と言ったとか言っていないとかいう議論があります。ただ、私たちがそう思い込んでいるのは、『人間不平等起源論』というテクストを読むとそれっぽく読めるので、「自然に帰れ」と言ったと思っている。しかし、『人間不平等起源論』を読んで、「万人の万人に対する闘争」と言っているという話にはならない。それが「受容の予示」という話で、誤解や、いろいろな解釈の幅はあるのですけれども、幅自体はある程度定まってくるだろうし、それを書き手が指し示しているということです。

書き手は受け手にどう捉えられているか

古田　ありがとうございます。「受容の予示」についてはここで切り上げて、上村さんからいただいた共通の質問について、お二人から応答してもらえますか。関口さんからお願いします。

関口　ご質問は、書き手が受け手にとってどう捉えられているか、私の報告についていえば、ルソーにとってタキトゥスはどう捉えられているかということですね。これは、上村さんの分類でいえば、おそらく直接の祖先という側面と、普遍的な理論の受容という側面の両方が入ってくると思います。自分が提示している議論は、自分勝手に言っていることではなくて、連綿と受け継がれている根拠のあるものなのだということを担保するためにタキトゥスを利用しているところもありますし、自分の理論の普遍性を確証する際にもタキトゥスは参照されているのではないかと感じています。

特にルソーの場合は、歴史や国は違えども、人間としての共通性や類似性を、タキトゥスなり過去の書き手に見出している。たとえば、似たような情念を持っている人間は権力に対してどのように向き合っているのか、どのように服従する傾向にあるのか。演説などの高揚しているような空気に対して、人間はどのように動かされ、どういう感情を持って反応するのか。こういった問いに対する自らの理論の正統性の担保、あるいは普遍性の確証として、タキトゥスは捉えられているのではないかと私は考えています。

ただ「直接の祖先」という言葉はすごく強いですよね。さきほど、自分たちの歴史がゲルマンの森由来の流れのなかにあるという正統性の担保としてタキトゥスが使われているという話がありました。でもルソーがタキトゥスを引用するのは、そういう歴史的な正統性というよりは、理論における正統性の担保という意味での祖先であって、フランスの歴史はゲルマンの森に由来しているといったことまで意図しているわけではないと思います。

古田　柳さんはいかがですか。

柳　上村さんは明治日本にとってのトクヴィルを書き手の例として挙げてくださったのですけれども、まず、荻生徂徠にとっての孔子を例として説明したいと思います。

当時、大きな権威を持っていた朱子学などの解釈を徂徠が拒否して、自分の注釈をつくり出し、それを発展させていく過程では、やはり自分の学説の直接の祖先として孔子や『論語』をふまえたということになると思います。

ではそれが「普遍的な理論の受容」といえるかというと、最近、普遍的なものは何なのかが自分の中で揺れているので、悩ましいところがあります。たとえば、『論語』というテクストがさまざまに受容され、解釈され、繰り返して利用されたということが、そのテクストの普遍性を証明していると考えることもできます。つまり、受容した人が、それを普遍的な理論として受容したという面もあれば、それが繰り返していろいろな社会で受容されていくことで普遍性を獲得していく面もあるんじゃないでしょうか。

もう一つの他山の石については、福沢諭吉にとって、トクヴィルの『アメリカのデモクラシー』は、自治に成功した例として受け入れたと捉えることができると思います。しかし、時代を経て昭和期、戦争期になると、日本はアメリカを失敗例として挙げることになります。その失敗例を根拠づけるために、『アメリカのデモクラシー』の特に第二巻が使われるんですね。

上村　お二人の話を聞いていて、私が分類した「直接の祖先（正統性の確保）として捉える」ことと、「普遍的な理論の受容」との線が引きづらいところもあるように思ったので、もう一度整理しながら補足いたします。

　直接の祖先というのは、要するに「なぜ今、支配の正統な政体があるかというと、それは伝統的にそうなっているからだ」といった伝統的支配みたいな話です。テクストであれば、テクストの書き手が、時代的にさかのぼっていって「ご先祖さんがこう言ったから、それに従うのがいいね」というニュアンスです。それに対して「普遍的な理論の受容」は、単純に理論内容が優れていて面白い。独創性があり、普遍的な示唆を含んでいるから受容するという意味合いでした。

　ただ、お二人の話をうかがうと、確かに両者は重なっているところもある気がします。つまり、みんなにたくさん読まれているということは、長い時間ずっと読まれているということにもつながると思いますし、なぜそんなに長い間ずっと読まれているかといえば、それは議論内容そのものが優れていて、多くの人が普遍的なものをそこに見出すからだと考えることができます。

　たとえば、先ほどのルソーとタキトゥスの関係でいえば、権力に対する人間の情念みたいなものは、一八世紀のフランスにおいても、二一世紀の日本においても、等しく受け取ることができる普遍性を持っている。そういう意味で、時間を超えて読まれていることは、伝統的な側面と、普遍性の側面で重なる部分があると思いました。ここは、もう少し私が整理する必要があったかもしれません。これは反省の応答です。

　ただ一方で、やはり、分類としては区別した方がいいんじゃないかとも思います。というのは、柳さんが報告されていたように、『神皇正統記』は、普遍的な理論の受容というよりは、前期水戸学と藤田幽谷それぞれが正統性を確保するために使っている感じがします。その点をふまえると、正統性の確保と普遍的な理論の受容とを分けておくことにも、一定の意義があるように思っています。

染み込むような受容を見分けられるか

古田　受容という点について、別の観点から議論したいのですが、受容といったときに、利用するとか使うという面もあると思いますが、他方で特定の思想が体に染み込んでしまうというような影響のされ方もあるんじゃないでしょうか。それは切り分けられるものなのかどうか、お考えがあれば教えていただけますか。

関口　すごく難しい質問です。たとえばルソーにしても、彼自身が形成してきた思想に、タキトゥスという人の著作を読んで、そこから受容したことがやはり入り込んでいると思います。

ただ、ルソーは、最初はタキトゥスをあまり好きではなかったのですが、後の方になってくるとタキトゥスを利用しているわけですね。その変遷をたどると、もしかするとルソーとしては、タキトゥスから学んだというよりは、「自分が考えていることとタキトゥスの著作でいわれていることには何か近いところがあるようだ」と、逆に発見していく形でタキトゥスを受容していったという流れもあるのではないかと推測することはできます。ただ、そのタキトゥスを利用して伝えようとしていることと、利用せずに自分の言葉として伝えていることを明確に区別するのは非常に難しいというのが率直な感想です。

とはいえ、そこに受容という観点から見出せることがあるとすれば、特にタキトゥスの場合だと、多くの人が触れているという利点があります。そうすると、同じエピソードに対して、たとえばルソーがダランベールやディドロとは違う切り口からアプローチしているということがもし痕跡として見つかるのであれば、ルソーのオリジナリティとして意図していることが、その中に出てくるのではないかと思います。

柳　いまの話に関連して、タキトゥスの名前は受容された先で直接には出ないけれども、それがタキトゥスの思想であることを追跡していく過程も、政治思想史家たちの役目であると思うのです。

　たとえば明治期のタキトゥスの議論の受容について研究すると、福沢の『文明論之概略』に、ゲルマンの森やゲルマン人のエネルギー、自由・独立心について出てきます。また、明治後期になると、いわゆる「英雄論」シリーズの一つである『足利尊氏』の中で、山路愛山が鎌倉幕府の武家政権を賞賛しながら、関東の武士たちはゲルマン人であり、京都の朝廷の人々はローマ人だと譬えて比較している部分があります。

　福沢諭吉も山路愛山も、タキトゥスという名前は全然出さないけれども、これらをどこから引いてきたのかを現代の政治思想史家が追跡していくと、タキトゥスから学んだギゾーやモンテスキューがいることがわかります。そういう点をふまえると、明治後期になって、タキトゥスの名前を挙げることを必要とせずに、ゲルマン人とローマ人の比喩が使われたということが、思想の活用性などを見せる一例として挙げられるのではないでしょうか。

使えない貯蔵庫をめぐって

古田　ありがとうございます。どちらの応答もすごく面白いですね。最後に少し広い観点で、上村さんと柳さんにおうかがいします。

柳さんはご報告の中で、過去の問題について、マイケル・オークショット（Michael Oakeshott）の「貯蔵庫（ストアハウス）」の例を出されていました。オークショットがそれをどういうものとして見ていたかは別として、貯蔵庫として使えるものと使えないものがやはりある。その議論は、上村さんのいう、現代に使えるものと、過去のものとして扱う態度という切り分けにも関連しているのではないかという気がします。

そうすると、貯蔵庫から引っ張り出すという行為だけではなくて、これはもう使えませんよという形で貯蔵庫に入れ、歴史の遺物にしてしまうこと、過去にすること自体が極めて政治的な行為に見えます。この点について、お二人はどのようにお考えでしょうか。

上村　いまのお話は、流行り廃りでいうと、「廃り」とは何かということでもあると思います。最近、授業で中世やキリスト教の話が出てくると、学生がすごく分からなそうな顔をしているんですね。余談ですが、これは多分、日本で西洋政治思想史を教えている多くの人の共通の悩みなのではないかと思ったりします。

たとえば教会と世俗権力との関係性といった話は、もちろん中世や初期近代では重要なトピックでした。ヨーロッパでは今でもそうかもしれません。しかし日本でそれを受容する段になると、明らかに政治というものの範囲の論点としてはそれほど重要視されないので廃れていく。それに伴って、初期近代までのいろいろな政治思想家の解釈も変化していくんじゃないかという気がしました。

柳　ストアハウスというのは、誰かが主体になって何かを入れるわけではなくて、過去のすべてが貯蔵されていると見てもいいのではないでしょうか。少なくとも、私のストアハウスのイメージはそうなのですね。しかし誰が、どんな目的を持って、その中に入っていき、何を持ってくるかということは、思想家なり歴史家なりの選択であり、その人が置かれた状況に左右されると思います。

　あるいは、貯蔵庫に貯蔵されたものを取り出して、それを利用する人が発生することによって、ある思想が実用化されることになるのですが、出入りが繰り返されるかという問題もあります。たとえば、両方ともトクヴィルの思想を受容した書物ですが、肥塚龍によって日本語で完訳されたトクヴィルの『自由原論』があまり倉庫から取り出されなくて言及されない一方で、トクヴィルの議論をなぞったとされる福沢諭吉の『分権論』は何回も取り出されて継承されていく。そういう違いが、使われない貯蔵庫や廃りにつながっている気がします。

古田　非常に勉強になりました。今日の皆さんの議論もまた、そうした貯蔵庫の一部として、多くの人が取り出してくれるものとなるはずです。「誰が言ったか」で受容されるか、「何を言ったか」で受容されるか、予示できそうもありませんが、後はフォルトゥナに任せることにいたしましょう。

宇野　ありがとうございました。私が若い頃は、受容史というと、もっぱら西洋の思想家が普遍的であることが前提とされ、日本を含む非西洋地域がそれをいかに「正しく」、あるいは「歪めて」理解したと評されることが一般的でした。それが現在では、西洋と非西洋の区別を乗り越え、よりダイナミックに受容史が論じられていることが印象的でした。

　およそ自らの理想を主張するにあたって、その正当化の根拠が求められます。その際に、何か権威ある典拠に依拠するか、あるいはそれが普遍的なものであると主張するかは重要な議論の分かれ道です。その意味で受容史の問題は、今後も大きな意味を持ってくるでしょう。受容にあたって「書き手」の側と、それを受容する側の間のダイナミズムも興味深い主題です。そこではつねに何が「普遍的」であるかという問いがあると思います。私たちにとって大切な思考の「貯蔵庫」として過去の思想がありますが、それにどのようにアクセスするのが生産的なのか。これからの議論の展開が楽しみです。

第6回

熟議民主主義を再び考える

多数決は投票によって社会の重要な決定を行なう制度ですが、さまざまな問題が指摘されています。多数者の専制などはよく知られたものですが、思いつきの投票という問題もあります。つまり、投票に際して適切な情報を得たのか、他の人たちの考えを尊重した上で決定したのか……。熟議民主主義とは、こうした問題に対し、意思決定を行なう際に「熟議」することで対応できると考える民主主義の立場です。コミュニケーションを中核におく民主主義とも言えるでしょう。この考え方は、一九七〇〜八〇年代より徐々に広まり、九〇年代に大きく注目を集めるようになりました。議論の中心人物としてユルゲン・ハーバーマスなどが挙げられます。それ以降、熟議民主主義と代議制民主主義の関係や、熟議における理性と感情の問題、さらに熟議を行なうための経済的基盤など、さまざまな論点について検討がなされ、熟議をめぐる視座も変化していきました。

こうしたなか、ロールズ以降に発展してきた正義論、あるいは分析的アプローチに基づく政治哲学と熟議民主主義を結びつけて考えるような議論も広がっています。このような議論においては、なぜ思いつきの投票ではだめなのか、ということなどが改めて哲学的に問い直されています。一方で、それが民主主義論の発展にとってどのような意味を持つのかも、慎重に検討されなければなりません。出発点から言っても、熟議民主主義にとって、どのように民主主義を現実に実践／実装していくかということは重要だからです。この回では、これまでの議論の発展をふまえて、これからの熟議民主主義のあり方を考えてみたいと思います。

「的確な位置づけ」と「熟議民主主義的な視座」

——熟議民主主義研究の二つの物語

田村哲樹

はじめに

熟議民主主義研究が始まって、三〇年以上が経っています。その中で、さまざまな論点、対立軸が発生し、それはしばしば「世代」という形でも表現されます。現在は「第四世代」とも言われます。

そうしたさまざまな議論がある中で、研究の仕方にできるだけ注目してみたいと思います。その際、近年の研究動向を、「的確な位置づけ（putting deliberation in its place）」と、「熟議民主主義的な視座（deliberative democratic perspective）」とに区別して、両者の違い、さらには特に後者について、どんな研究になっていくのかということをお話しします。

熟議の「的確な位置づけ」

最初に、「的確な位置づけ」についてです。さまざまな研究をやや乱暴にまとめてここに「位置づけ」てしまいますが、その問題意識は、「あれもこれも熟議と言うのはいかがなものか」ということです。熟議民主主義は、熟議の定義を拡張して、本来は熟議とは言えないような政治的行為・コミュニケーションまで「熟議」と言おうとしているが、熟議と熟議ではないものとは区別されるべきだ、というわけです。また、「民主主義といえば熟議民主主義」と言わんばかりの風潮はおかしいという問題意識も、ここに含まれます。

どのような研究が「的確な位置づけ」でしょうか。たとえば、「熟議」をできるだけ厳密に定義した上で、指標化して、実際の人々のコミュニケーションが「熟議的」かどうかを厳密に測定していくような、また、場合によっては実験によって検証していくような、そのような実証的な研究が考えられます。

より概念的なレベルでの研究だと、熟議の概念と、そうではない概念との厳密な区別を試みるようなタイプの理論的・哲学的な研究となるでしょう。この中には、熟議民主主義と、他の民主主義概念――たとえば闘技民主主義や認識的民主主義など――との異同を明確化しようとする研究も含まれます。また、「民主的イノベーション」を上位概念に据えて、その中で熟議や参加などいろいろなものを考えていく研究[1]も、ここに含まれると思います。上位概念ということでは、「民主主義システム[2]」

や「民主的エコシステム」[3]といった概念を用いて、そのなかでの熟議の位置づけを考えようとする研究も含まれます。

重要なことは、この「的確な位置づけ」論では、「理論」や、次に述べる「視座」には批判的になるだろう、という点です。ハンス・アセンバウムがマイケル・サワードの議論を参照しつつ書いているように、「視座」を持ち出すと、それで何かが明らかになるというよりも、むしろ見えなくなるものが多いということです[4]。たとえば、熟議の概念自体を明確化したり、あるコミュニケーションがどの程度「熟議的」かを測定したりすることが妨げられる、というわけです。

熟議民主主義的な視座

二つ目は、「熟議民主主義的な視座」です。これは、さまざまな政治現象あるいは社会現象を、熟議民主主義の観点にこだわって記述・解釈・評価することです。熟議民主主義を「レンズ」として世の中を見る、とも言えます。このレンズを通すと、政治や社会が今までとは異なって見えてくるということです。

「視座」に当てはまるのは、第一に、「選挙」「参加」「議会」「社会運動」などを、熟議民主主義の立場から解釈し直したり位置づけ直したりするような研究です。たとえば「熟議の日」というアイデア[5]は、熟議民主主義論から見た選挙の見直しと言えます。参加を「熟議的な参加」として捉え直していく研究もあります[6]。また、意外と多いのが社会運動を熟議民主主義の視座から解釈していくものです[7]。「正しさ」や「正義」を熟議民主主義の観点から捉え直していく研究も、ここに含めてよいでしょう[8]。

第二に、「熟議システム」研究が挙げられます。熟議システム論は、この一〇年間ほどの熟議民主主義研究を主導しており、現在はその「第四世代」とも言われます[9]。これがなぜ「視座」かというと、「熟議システム」という概念ないしアプローチに基づいて、さまざまな要素や実践の接続（connection）に焦点を当て、その接続の仕方を熟議民主主義の視点から把握していこうというものだからです。

「熟議民主主義的な視座」タイプの研究が行なっていることは、政治や民主主義に関する「地図の書き換え」と言えるでしょう。これは、単なる「現実の記述」とは異なります。実際の地図が、その方式によって一長一短であるのと同様に、「視座」に基づく書き換えによって、「見えなく」なってしまうものも恐らくあります。しかし、たとえそうだとしても、「書き換え」によって「見える」ようになるものの方が重要です。それは、今までとは「別の可能性（alternative）」が見えてくるということです。これは、政治理論の役割の一つであると思います。

「熟議民主主義的な視座」における「理論」とは何か

ここからは、「視座」に関する話題に限定します。まず、視座における「理論」とはどのようなものか、という点についてです。理論にはさまざまなものがありますが、視座における理論は、何か特定の原理・原則から演繹的な体系を構築するタイプの理論ではありません。とはいえ、何らかの「熟議」の概念から始めることになるでしょう。この熟議の概念は現実に適用され、「地図」を書き換えていくことに用いられます。そうしなければ見えなかったような熟議民主主義的な実践を浮かび上がらせる、または、熟議民主主義的な実践として捉え直していく、というわけです。しかし他方で、その作業の中で現実から示唆や証拠を得て、当初の概念が見直されていくことにもなるでしょう。筒井淳也さんが「反照戦略」と呼ぶものに類似しているのかなと思います。[10] キャロリン・ヘンドリクスらの『民主主義を修復する[11]』や、ニコル・クラートの『悲惨な時代の民主主義[12]』などが、このような試みと言えます。これらの研究では、グラウンデッド・アプローチやエスノグラフィーなどの質的研究の方法が熟議民主主義論と結びつけられています。[13]

私自身は、「家族」を一つの熟議システムとして捉え直す研究を行なっています。これは、私なりの「視座」的な研究です。だからこそ、家族に関する経験的調査によって補完されるべきだろうと考えています。とはいえ、自分自身が調査の方法を習得しているわけではないので（それはそれで問題なのですが）、他の経験的研究をより参照していくか、または、経験的な研究者との共同研究を進めるか、になると思います。

ただし、経験的な調査によって理論を修正していくという方向性には疑問もあります。現実や実践にフォーカスすることによって、果たして「別の可能性」をどのくらい見出せるでしょうか。たとえば、ヘンドリクスたちの研究は、現実の民主主義のあちこちに見出される「切断（disconnection）」が人々の日常的な行為を通じて「修復」されていく様子を、インタビューなどの調査に基づくグラウンデッド・アプローチによって描き出すものです。[14] しかし、彼女たちの研究は、全体としては国家レベルでの自由民主主義体制を与件とした上での「修復」を描き出すにとどまっているように見えます。つまり、彼女たちは「システム」自体を問い直していません。だから、「地図」があまり書き換えられていないという感じがするのです。そこを問い直し「書き換え」ていくためには、現実の人々が自分たちの実践や自分たちが所属している世界をどのように見ているかだけではなくて、そのような「現実の人々」とは異なる視点を取ることができる人（たとえば研究者）が、人々の日常的な実践や意味づけを解釈し直すことが必要なのではないでしょうか。[15] だから私は、人々の経験的な世界と、研究者による概念定義ないし理論との往復が大切だと思います。

私自身が考えていること

次に、「視座」的な研究ということで、私自身が最近考えていることを紹介します。私は、熟議民主主義を「自由民主主義」的ではない形で捉え直す作業を行なっています。[16] その一環として、「入れ子型の熟議システム（nested deliberative systems）」という概念を提起しました。[17] 幸いなことに、海外でもこの概念に言及する研究も出てきています。[18] しかし、最近の私は、自分が言いたかったことをこの概念で表現できているかということに、疑問を持つようになっています。

「入れ子」では、上位と下位の階層がはっきりしています。つまり、「入れ子型熟議システム」では依然として、よりマクロなレベルのシステム（たとえば国家）が上位で、よりミクロなレベルのシステム（たとえば家族）が下位といった具合に、システム間に序列・位階が存在します。しかし、自由民主主義の再検討と絡めて私が行ないたかったことは、この上位と下位、あるいは、マクロとミクロという関係を問い直すことだったと思うのです。

そこで私が今取り組んでいるのは、異なる（熟議）システムを、あくまでフラットな関係にあるものとして見ることです。実は少し前に、「あなたの「家族も一つの政治の場」という「理論」で、たとえば沖縄における基地問題をどのように考えることができるのか？」という質問を受けたことがあります。でも、その時にはうまく答えることができませんでした。それがずっと気になっていました。手がかりは、最近読んだ上間陽子さんのエッセイにありました。上間さんは、次のように書いています。

> それでも、そのまま首里に居続けることで、沖縄がどういう場所なのかわからなくなるような気持になり、夫といろいろ話し合って、結局、私たちは普天間基地近くの爆音の街に暮らしている。[19]

上間さんの文章は、次のことに気づかせてくれました。つまり、一見もっぱら「国際的」あるいは「国家的」な次元の問題と見える問題も、同時に「家族的」な次元での問題でもあるのだ、ということです。そうだとすれば、国家レベルや家族レベルでの複数の「熟議システム」は、入れ子型ではなく、同じ問題を別々に引き受ける同時並行的に存在するものとして考えた方がよいのではないでしょうか。そして、どの「システム」での問題解決が重要／重要ではないといったことは言えないのではないでしょうか。どの「システム」にとっての問題も、それぞれの「システム」において重要なのです。

私はこのことを、ニクラス・ルーマンの、オートポイエティックなシステム理論の応用によって表現できるのではないかと考えています[20]。ルーマンは近代社会を機能分化した社会として捉えますが、その際の「機能分化」とは、全体としての社会が、いくつかの部分に分かれる・区分されるということではありません。そうではなく、「分化」した各機能システムは、それぞれにとっての二項的なコードに則った、それぞれの内部でのコミュニケーションによって成立するものです。それぞれの機能システムにとって、別の機能システムは「環境」です。これを複数の熟議システム間の関係に応用すると、「国家としての熟議システム」は「家族としての熟議システム」の「環境」であり、「家族としての熟議システム」は「国家としての熟議システム」の「環境」だ、ということになります[21]。

おわりに

最後に二つのことを申し上げます。一つは、私自身は基本的に「視座」的な研究を行なっていくだろうとはいえ、これからも熟議民主主義をめぐってさまざまな立場・方法に基づく研究が活発に行なわれていくことを願っている、ということです。その中には、熟議民主主義の規範的な正当化根拠を探究するタイプの研究も含まれます。

二つ目は、そうではありますが、やはり私自身は、「政治」や「民主主義」に関して、人々が抱いている（半ば無意識に共有された）「概念地図」をどのように書き換えられるか、ということに主たる関心があるようです。私が、ミニ・パブリックスなどの比較的「標準的」とみなされている熟議民主主義よりも、「家族」や「アナーキスト熟議[22]」、あるいは経済の領域における熟議民主主義（それを通じた資本主義と民主主義の関係の再検討[23]）などに関心があるのは、そのためだと思っています。

注

（1）Hans Asenbaum, 'Rethinking Democratic Innovations: A Look Through the Kaleidoscope of Democratic Theory,' *Political Studies Review*, online first, 20 October 2021.

（2）Nicole Curato, David M Farrell, Brigitte Geissel, Kimmo Grönlund, Patricia Mockler, Jean-Benoit Pilet, Alan Renwick, Jonathan Rose, Maija Setälä and Jane Suiter, *Deliberative Mini-Publics: Core Design Features*, Bristol University Press, 2021.

（3）Hans Asenbaum, 'Beyond Deliberative Systems: Pluralizing the Debate,' *Democratic Theory*, 9 (1) ,2022, pp.87-98.

（4）*Ibid.*, p. 89.

（5）ブルース・アッカマン／ジェイムズ・S・フィシュキン『熟議の日——普通の市民が主権者になるために』川岸令和・谷澤正嗣・青山豊訳、早稲田大学出版部、二〇〇四＝二〇一五年。

（6）Stephen Elstub, 'Deliberation and Participatory Democracy,' in André Bächtiger, John S. Dryzek, Jane Mansbridge, and Mark Warren (eds.) *The Oxford Handbook of Deliberative Democracy*, Oxford University Press, 2018.

（7）安藤丈将「社会運動における日常の政治」田村哲樹編『日常生活と政治——国家中心的政治像の再検討』岩波書店、二〇一九年。Donatella della Porta and Nicole Doerr, 'Deliberation in Protests and Social Movements,' in Bächtiger *et al.* (eds.) *The Oxford Handbook of Deliberative Democracy*, 2018; Ricardo Fabrino Mendonça and Selen A. Ercan, 'Deliberation and Protest: Strange Bedfellows? Revealing the Deliberative Potential of

2013 Protests in Turkey and Brazil,' *Policy Studies*, 36 (3), 2015, pp.267-282; William Smith, 'Anarchist Deliberation,' *Journal of Political Ideologies*, 27 (1), 2022, pp.75-93.

(8) 田村哲樹「熟議民主主義における『正しさと政治』とその調停――熟議システム論を中心に」田畑真一・玉手慎太郎・山本圭編『政治において正しいとはどういうことか――ポスト基礎付け主義と規範の行方』勁草書房、二〇一九年。John S. Dryzek and Ana Tanasoca, *Demoratizing Global Justice: Deliberating Global Goals*, Cambridge University Press, 2021.

(9) Stephen Elstub, Selen A. Ercan, and Ricardo Fabrino Mendonça, 'The Fourth Generation of Deliberative Democracy,' *Critical Policy Studies*, 10 (2), 2016, pp.139-151. 近年、既存の研究を整理・類型化してさらに発展させようとする研究も出てきています。André Bächtiger and John Parkinson, *Mapping and Measuring Deliberation: Towards a New Deliberative Quality*, Oxford University Press, 2019; Carolyn M. Hendriks, Selen A. Ercan, and John Boswell, *Mending Democracy: Democratic Repair in Disconnected Times*, Oxford University Press, 2020. これらをベースとして、今後、熟議民主主義研究の「第五世代」が生まれるかもしれません。

(10) 筒井淳也『社会学』岩波書店、二〇二一年。

(11) Hendriks, Ercan, and Boswell, *Mending Democracy*.

(12) Nicole Curato, *Democracy in a Time of Misery: From Spectacular Tragedies to Deliberative Action*, Oxford University Press, 2019.

(13) 近年の政治理論研究におけるエスノグラフィーへの注目として、たとえば以下を参照。Matthew Longo and Bernardo Zacka, 'Political Theory in an Ethnographic Key,' *American Political Science Review*, 113 (4), 2019, pp.1066-1070.

(14) Hendriks *et al.*, *Mending Democracy*, 2020, Chapter 2, especially.

(15) 盛山和夫氏の次のような指摘を念頭に置いています。「人びとの行為の中に「クレイム申し立て」活動を同定することは、人びとの行為を支えている意味世界と対話し、人びとの意味世界を解釈しなおして、新たな意味世界を提示することだ」(盛山和夫「理論社会学としての公共社会学にむけて」『社会学評論』第五七巻第一号、二〇〇六年、一〇一頁)。

(16) 田村哲樹『熟議民主主義の困難――その乗り越え方の政治理論的考察』ナカニシヤ出版、二〇一七年、第8章。Tetsuki Tamura, 'Varieties of the Post-Liberal Conception of Deliberative Democracy,' *Nagoya University*

Journal of Law and Politics, 290, 2021, pp.25-49.

(17) Tetsuki Tamura, 'Rethinking Grassroots Participation in Nested Deliberative Systems,' *Japanese Political Science Review*, 2, 2014, pp.63-87.

(18) たとえば、Anna Drake, *Activism, Inclusion, and the Challenges of Deliberative Democracy*, UBC Press, 2021; Mei-Fang Fan, *Deliberative Democracy in Taiwan: A Deliberative Systems Perspective*, Routledge, 2020; Eva Meijer, *When Aimals Speak: Toward an Interspecies Democracy*, NYU Press, 2019 などです。

(19) 上間陽子『海をあげる』筑摩書房、二〇二〇年、二三七頁。

(20) ルーマンについての私の理解はまだ十分ではなく、その理解自体が今後の課題です。ここでの記述は、主に長岡克行『ルーマン／社会の理論の革命』勁草書房、二〇〇六年；坂井晃介『福祉国家の歴史社会学――一九世紀ドイツにおける社会・連帯・補完性』勁草書房、二〇二一年を参考にしています。

(21) オートポイエティックな熟議システム論への展開は、熟議システム論に対して指摘されてきた「機能主義」との（自己）批判の克服にも繫がると思われます。

(22) Smith, 'Anarchist Deliberation'.

(23) 端緒的には、Tamura 'Varieties of the Post-Liberal Conception of Deliberative Democracy'.

規範的民主主義擁護論から熟議民主主義論を再考する

田畑真一

はじめに

私の報告は、熟議民主主義論を、近年盛んになっている民主主義研究のもう一つの潮流である民主主義の規範的擁護論の観点から捉え直すものです。私が研究を始めた二〇〇〇年代、熟議民主主義論はまだ若い研究潮流でした。しかし、熟議民主主義は今や「再考」の対象です。以下では、再考の対象となった熟議民主主義の現状と民主主義理論の新しい潮流を確認したうえで、熟議民主主義が今後取り組むべきと考える課題を提示したいと思います。

熟議民主主義のヘゲモニー

まず、現状、熟議民主主義は民主主義理論内でヘゲモニーを握っているように見えます。闘技民主主義のような対抗理論がないわけではありませんが、全体として熟議民主主義が優位な状況が続いています。このことを端的に示すのが、現実社会における熟議民主主義の実装です。無作為抽出で選ばれた市民による熟議の場を作り出す、ミニ・パブリックスと呼ばれる試みが、日本を含む世界各地で行なわれています。(1) 熟議は、制度化を通じて、単なる理論ではなく、現実政治の一部になりました。

他方、熟議民主主義の定着は、理論研究における停滞をもたらしたと、私は考えています。熟議民主主義が望ましいものとしての地位を確立したことで、制度論、すなわち「どのように実現していくのか」へと関心が移り、哲学的、もしくは理論的議論が深められない傾向が生じたのです。

ここで注意すべきは、「熟議」民主主義論の理論的な議論が停滞しているだけで、哲学もしくは理論研究において民主主義への関心は高まっている点です。熟議民主主義論が、その実装を機に経験的研究へと軸足を移しているのと並行して、民主主義の理論研究は、民主主義それ自体を擁護しうるのかという問いへと関心を変えつつあります。熟議や闘技といった形容詞付きの民主主義論から、民主主義それ自体の擁護、つまり「民主主義の規範的擁護論」へという流れです。こうした状況を見据え、本報告では、民主主義の規範的擁護論との関係で、熟議民主主義論の再考を試みます。

民主主義の規範的擁護論——民主主義研究の新しい潮流

しかし、そもそも、なぜ民主主義の規範的擁護論が、新たに関心を集めるようになったのでしょうか。そこには、大きく三つの要因があると思います。

第一に、民主主義への信頼低下があります。要因としては、民主主義体制が、経済成長などのパフォーマンスの点で、権威主義体制に劣るのではないかという疑念や民主主義国内でのポピュリズムの隆盛などが挙げられます。ここに、それまで自明視されていた民主主義を改めて擁護する必要性が生まれたと言えます。

　第二に、現実政治の状況に加えて、分析的政治理論の民主主義論への適用が本格化したという理論上の変化も影響しています。二〇〇八年に、ディヴィッド・エストランドとトマス・クリスティアーノがそれぞれ分析的政治理論の枠組みから新しい形の民主主義論を提示しました。[2] それまで熟議民主主義論と分析的政治理論は共存関係にあったのですが、これ以降、その関係が解消されます。それ以前、ジョン・ロールズに代表されるリベラルな政治理論の側は、自らの議論が熟議民主主義論と矛盾しないことを強調し、共感的なコメントをしていました。[3] そこには、財の分配（分配的正義論）を主に扱う分析的政治理論と民主主義論との棲み分けがあったのかもしれません。しかし、分析的政治理論が民主主義に適用されるなかで棲み分けは解消され、熟議民主主義は理論研究において（特に英米圏の哲学・理論系のジャーナル上で）以前の存在感を失います。そのなかで、新たに広く民主主義それ自体が問われ、民主主義はなぜ擁護しうるのかという問題が哲学的に探究されるようになります。

　第三に、権威の一般的正当化否定論や哲学的アナーキズムといった問題への解決方法として民主主義が注目されたことがあります。この注目は、二番目の分析的政治理論が民主主義に適用される契機の一つでもあります。ジョセフ・ラズやA・ジョン・シモンズなどが長年にわたって、国家の一般的権威（国家がその命令に従う義務をその被治者に生み出す力をもつこと）を否定する議論を提示してきました。[4] こうした議論を端緒に、権威をめぐる問いがさまざま検討され、権威に従うべきなのは、その決定が民主的手続きに従ってなされたからだという議論が注目され、探求が進められたのです。

以上確認したように、多様な文脈で民主主義についての理論研究が進んでいます。新たな動向に共通するのは、特定の民主主義の構想ではなく、民主主義それ自体の擁護を志向している点です。「熟議」民主主義や「参加」民主主義ではなく、民主主義そのものの擁護が目指されます。そのため、擁護として論証が成功しているか否かは、投票権などのフォーマルな政治的権利を擁護できるかというミニマムなところに設定されます。

ミニマムな民主主義が検討対象になるのは、論証戦略として、正当化のコストを考慮しなければならないからです。たとえば、熟議民主主義の擁護には、フォーマルな政治的権利だけでなく、熟議を行なう機会やその背景条件の保障も必要となります。熟議民主主義は、通常の民主主義よりも厚い構想であるため、その擁護に、より多くの正当化を必要とし、正当化のコストが高くなるのです。これに対して、ミニマムな民主主義は、フォーマルな政治的権利を擁護するだけで、その正当化としては十分です。そのため、ミニマムな民主主義の擁護から検討するのが一般的な戦略となります。まずは、ミニマムな擁護対象を設定し、それを少ない非論争的前提から擁護することが目指されるのです。

正当化の対象――ミニマムな民主主義と熟議民主主義

こうした議論は、熟議民主主義論からすると、議論の後退に見えるかもしれませんが、熟議民主主義が前提としていた民主主義それ自体の望ましさの検討という見過ごせない意義があります。熟議民主主義は、従来、利益集約型民主主義を比較対象に設定し、それに対する自らの優越性を示す論証戦略をとってきました。こうした論証戦略は、民主主義それ自体が望ましいことを前提としたうえで、熟議民主主義の意義を、現状の利益集約型民主主義を乗り越える点に見出すものと言えます。けれども、現状では、民主主義が望ましいという前提が崩れています。こうした理解に立てば、民主主義の規範的擁護論は、熟議民主主義の議論前提を問い直しているとも評価できます。

ここで、「熟議民主主義は、自身の正当化を行なっていなかったのだろうか」という疑問を抱く人もいるでしょう。補足すれば、初期には行なわれていたと、答えることができます。たとえば、田村哲樹は『熟議の理由』などで、再帰的近代化論に基づく不確実性や自己利益中心の政治からの脱却の必要性から、民主主義をアップデートする試みとして熟議民主主義を位置づけ、そこから熟議民主主義の必要性を示しました[5]。

しかし、こうした論証は、規範的擁護論とは位相が異なります。なぜならば、そこでの議論は、状況理解を介した必要性からの論証だからです。すなわち、一定の状況が措定され、その状況への対応として熟議民主主義が選択され、正当化されるという理路になっているのです。これに対して、現状の規範的擁護論は、価値論への依拠が全面化されています。道具主義と非道具主義の対立構図の下、一方で、帰結の望ましさという価値に依拠して、正しい決定を生み出す手続きとして民主主義を擁護する道具主義的議論があります。もう一方には、民主主義それ自体に価値があること、もしくは民主主義が一定の価値（公正さや平等など）に依拠した社会の構成に不可欠なことから擁護する非道具主義的議論があります[6]。

こうした議論枠組みにおいて、熟議は、正しい帰結を生み出すか否かという点で部分的に組み込まれるのみとなります。熟議という契機は周辺化されるのです。

結果の正しさからの熟議民主主義の正当化——非論争的な価値からの擁護論

以上が、熟議民主主義論の現状と民主主義の規範的擁護論についての確認です。こうした状況をふまえて、以下で問いたいのは、価値論から熟議民主主義論を正当化する試みの可能性です。民主主義それ自体への信頼が揺らいでいるならば、熟議民主主義論もその揺らぎへ対応する必要があります。この報告では、これまでの熟議民主主義論を価値論から再構成することで、その方向性を提示できればと考えています。明示的にはなされていなかった熟議民主主義から価値論にあたる議論を取り出すことで、(1)正しさ、(2)自律、(3)政治的平等の三つの価値に依拠した擁護の方向性を示します。

まず、認識論的民主主義と近年呼ばれている結果の正しさに依拠する議論から検討します。そこでは、多様な観点からの包摂的熟議が決定の認識的価値を高めるために不可欠であると主張されます。[7] 熟議は、正しい帰結に到るのに必要なものとして正当化されます。

結果の正しさに依拠する議論の利点は、正しさが、その価値へのコミットメントの正当化が求められない、相対的に論争的ではない価値である点にあります。もしここから擁護できるならば、熟議民主主義の正当化は（比較的）容易かもしれません。なぜならば、熟議民主主義が、結果の正しさという誰もが求める価値をもたらすことから正当化できるならば、ミニマムな民主主義には求められない条件を含むとしても、その正当化は成功しうると考えられるからです。誰もが求める結果の正しさという価値が、高い正当化のコストをまかないうるのです。

懸念としては、そもそも熟議が正しい決定を本当に生み出しうるのかという点があります。熟議が正しい決定を生み出すには、多様な観点が包摂される必要があるとされますが、批判する側は、系統的なバイアスにより多様性が存在しない、もしくは多様性が機能するうえで必要な一定の知性を人々は備えていないといった反論を提示しています(8)。

加えて、熟議民主主義論にとって、結果の正しさへのコミットメントがどの程度重要なのかという問題もあります。結果の正しさは、熟議民主主義の必要条件なのかと問うならば、その回答は分かれそうです。背景には、結果の正しさからの熟議の擁護は、各人がそれぞれの観点から示す意見を結果の正しさに必要な「入力」としかみなさないことがあります。そこでは、各人の意見は、正しさに必要な多様性の一要素に過ぎなくなります。

こうした理解が、熟議民主主義が目指す理想・価値とは異なるように思える点が、結果の正しさが熟議民主主義の必要条件かという問いに意見が分かれる背景にあると考えられます。問題は、結果の正しさが、熟議民主主義の依拠する理念を十分に捉えておらず、その点で擁護論として不十分なものと考えられるのです。結果の正しさから、熟議の契機を含む何らかの民主主義が擁護されるにしても、当の擁護されたものが、熟議民主主義の目指したものと異なると考えられるのです。

自律、政治的平等からの熟議民主主義の正当化

では、熟議民主主義は、正しさといった道具的価値に還元できない、どのような価値に依拠しているのでしょうか。以下では、自律と政治的平等という二つの可能性を検討します。注意が必要なのは、ここで議論戦略の転換が必要になる点です。なぜならば、結果の正しさとは異なり、自律や政治的平等といった論争的価値に依拠するのであれば、そこでは一定の厚みのある構想を、厚みがある価値と理想に依拠して擁護する必要があるからです。こうした戦略は、ミニマムな民主主義という対象をまずは設定し、それを少ない前提から擁護しようとする従来の民主主義の規範的擁護論とも、結果の正しさという非論争的価値から、正当化のコストが高い厚みのある構想を擁護しようとする戦略とも異なります。あらかじめ厚みのある価値と理想に依拠し、そこから一定の厚みのある構想を擁護することを目指すのです。

自律は、民主主義論において治者と被治者の一致として理解されます。典型的論者としては、ユルゲン・ハーバーマスが挙げられます[9]。ただし、これまでの民主主義の規範的擁護論において、自律は依拠できない理想として批判されてきました。なぜならば、個々の市民がもつ選好と政治的決定の間の一致として自律を理解するならば、その理想の達成は端的に不可能だからです[10]。

しかし、選好ではなく、熟議を通じて生成された公論に注目するならば、治者と被治者の一致という理想を追求する可能性が開けます。ここには、先に問題とした厚い価値・理想への依拠があります。

その一つが、カント的自由理解、すなわち人が選択・意志したことをただ行なうのが自由ではなく、従うべき理由に基づいて行為することこそが自由だという理解です[11]。こうした理解は、誰もが同意できる自由理解ではなく、論争的ですが、考慮に値しうる議論です。なぜならば、民主主義を考えるとき、われわれは集合的に理由を形成して、その理由に根差した決定に従うことを一つの理想としていると考えられるからです。自らがすべき理由を自ら生み出して、それに従って行為するという理想を基準に政治を捉えるからこそ、われわれは、その基準を満たさない政治を時に批判します。こうした観点に立つならば、公論とは、公共圏での熟議を通じて形成される集合的な理由であり、その公論に従った決定が行なわれることで、治者と非治者が媒介され、両者の接合がはかられると考えられます。

もちろん、自律に公論を媒介したうえで立脚した議論にも異論はあります。第一に、カント的自由理解が果たして妥当な自由理解なのかという問題は避けて通れません。加えて、自律という価値自体、政治においてどの程度重要な価値なのかという疑問も生じるかもしれません。こうした疑念は、厚みのある価値への依拠がもたらす当然の帰結です。こうした方向を追求するならば、自由、自律の擁護とセットで議論を展開する必要があります。

第三の方向性として、政治的平等に依拠した擁護があります。その基底には、政治的平等から要請される自由で平等な市民としての尊重が、理由を持つ存在としての承認をも含意するという考えがあります。理由をもつ存在としての承認には、相互に理由を交換する熟議過程への包摂が必要で、この熟議への包摂の要請から熟議民主主義が擁護されると考えられます[12]。近年の民主主義の規範的擁護論で有力な社会（関係）的平等論からの擁護と方向性は一致し、その拡張とも言えます。

ただし、政治的平等に関係する二つの難問があります。第一に、政治的平等自体が基底的価値であることが前提とされ、そのことについての論証のないまま議論が進められる点です。第二に、熟議民主主義の擁護では、民主主義の規範的擁護論で求められるよりも厚い政治的平等が求められる点です。政治的平等への依拠は、ミニマムな民主主義を擁護する際にも用いられますが、そこでは、平等な影響力としてのフォーマルな政治的権利だけしか求められません。しかし、理由を持つ存在としての承認には、より実質的平等が必要です。たとえば、ジェームス・ボーマンが「熟議を始める権利」として定式化したように、理由をもって応答される関係性を等しく保証することが要請されます。[13]

　このことは、正当化される熟議民主主義に、要請に応える制度設計という別の課題を突きつけることになります。実質的平等から熟議民主主義を擁護しようとするならば、この理想に応える仕方での具体的な構想を示す必要があるのです。これは、政治的平等に依拠した戦略に伴う課題で、この方向を進むならば、経験的研究へと軸足を移した従来の熟議民主主義論とは異なる仕方で、具体的な制度を考えていかなくてはなりません。

　以上、熟議民主主義の擁護論の三つの方向性を示してきました。私としては、これまでハーバーマスに依拠しつつ、自律からの方向性を模索してきました。自律からの議論が、公論としての集合的な理由の生成という点で、理由に媒介された関係という熟議民主主義の基底的価値に根ざしていると考えていたからです。しかし、今回の検討を通じて、政治的平等からの方向性も、熟議民主主義の根底にある「理由に媒介された関係」を捉えており、有望であると考えを改めました（自律の方向性を諦めるわけではありませんが）。逆に言えば、結果の正しさ（だけ）に依拠する議論は、理由に媒介された関係という熟議民主主義の基底的価値を捉え損ねていると考えるようになりました。
　こうした検討から分かるのは、一定の厚い理想に基づき、厚い民主主義を擁護する方向性の可能性です。その論証に難しさはあるものの、こうした方向性は熟議民主主義が根ざす価値に依拠した議論を提示することができる点で、魅力的なものだと思います。

おわりに

　以上、民主主義の規範的擁護論の文脈から、熟議民主主義を捉え直し、現在の熟議民主主義論の課題を提示しました。もちろん、本当に課題なのかという異論もあり得ます。価値論からの議論は、分析的政治理論の枠組みで熟議民主主義を語る、熟議民主主義論の矮小化かもしれません。民主主義論内で熟議民主主義のヘゲモニーをもったのと同じく、こうした試み自体が、分析的政治理論のヘゲモニーを示すものかも知れません。ただし、私としては、一定の厚い価値・理想に基づき、厚い民主主義を擁護するという方向性により、そうした懸念は避けられると考えています。具体的議論については、方向性を提示しただけに留まりましたが、今後深めていければと考えています。

【追記】本稿脱稿後、自律に依拠したデモクラシー擁護論一般を批判的に検討した、小林卓人「デモクラシーと自律」（『政治思想研究』二三号、二〇二三年）に接した。そこでの批判の射程は、本報告で示した公論を媒介とした自律からの擁護論も含む。これへの応答は別稿で行なうこととしたい。

注

（1）ミニ・パブリックスについては、以下で論じた。田畑真一「熟議デモクラシーにおけるミニ・パブリックスの位置づけ――インフォーマルな次元での熟議の制度化」須賀晃一・齋藤純一編『政治経済学の規範理論』、勁草書房、二〇一一年。

（2）David Estlund, *Democratic Authority: A Philosophical Framework*, Princeton University Press, 2008; Thomas Christiano, *The Constitution of Equality: Democratic Authority and Its Limits*, Oxford University Press, 2008.

（3）John Rawls, *Justice as Fairness: A Restatement*, 2001. ジョン・ロールズ『公正としての正義）再説』田中成明・亀本洋・平井亮輔訳、岩波書店、二〇〇四年、二六五頁。

（4）Joseph Raz, *The Morality of Freedom*, Oxford University Press, 1986; A. John Simmons, *Moral Principles and Political Obligations*, Princeton University Press, 1979.

（5）田村哲樹『熟議の理由』勁草書房、二〇〇八年。

（6）民主主義の規範的擁護論における道具主義と非道具主義の対立については、以下を参照。田畑真一「正統な権威としてのデモクラシー――認識的価値と平等からのデモクラシー擁護論の検討」『政治思想研究』二一号、二〇二一年。広く政治的決定手続きからの検討として、以下を参照。小林卓人「政治的決定手続きの価値――非道具主義・道具主義・両立主義の再構成と吟味」『政治思想研究』一九号、二〇一九年。

（7）代表的な議論として、以下を参照。Helene Landemore, *Democratic Reason: Politics, Collective Intelligence, and the Rule of the Many*, Princeton University Press, 2013.

（8）Jason Brennan, *Against Democracy*, Princeton University Press, 2016. ジェイソン・ブレナン『アゲインスト・デモクラシー』（上）（下）井上彰・小林卓人・辻悠佑・福島弦・福原正人・福家佑亮訳、勁草書房、二〇二二年。

（9）Jürgen Habermas., *Faktizität und Geltung. Beiträge zur Diskurstheorie des Rechts und des demokratischen Rechtsstaates*, Suhrkamp, 1992. ユルゲン・ハーバーマス『事実性と妥当性――法と民主的法治国家の討議理論にかんする研究』（上）（下）、河上倫逸・耳野健二訳、未來社、二〇〇二年、二〇〇三年。ハーバーマスにおける公論を媒介とした関係性については、以下で論じた。田畑真一「公共圏と民主主義」田村哲樹・加藤哲理編『ハーバーマスを読む』ナカニシヤ出版、二〇二〇年。

(10) この点については、福家佑亮「デモクラシーを支えるもの」『実践哲学研究』四二号、二〇一九年、四八頁以下を参照。

(11) カント的な自由理解については、以下を参照。Rainer Forst, *Das Recht auf Rechtfertigung: Elemente einer konstruktivistischen Theorie der Gerechtigkeit*, Suhrkamp, 2004, Kap.4.

(12) そうした熟議民主主義論としては、以下を参照。James Bohman, *Public Deliberation: Pluralism, Complexity, and Democracy*, MIT Press, 1996; Henry S. Richardson, *Democratic Autonomy: Public Reasoning About the Ends of Policy*, Oxford University Press, 2002.

(13) James Bohman, *Public Deliberation: Pluralism, Complexity, and Democracy*, MIT Press, 1996.

◆パネルディスカッション

田村哲樹 × 田畑真一 × 宇野重規 × 加藤　晋

熟議民主主義論のドメイン

宇野　田村さん、田畑さんから、それぞれ非常に充実した報告をしていただきました。

田村さんの報告は、熟議民主主義研究の潮流について、「いかに的確に位置づけをするか」という議論と、「熟議民主主義という視座」という二つの方向性を対比することによって、研究の動向を整理するというものでした。田村さんらしい、大きな見通しを示していただけたと思います。

一方、田畑さんの報告は、熟議民主主義は成功し、そして今や、実践や制度論の方へと重心が移っているけれども、哲学的議論としてはむしろ停滞しているのではないのかという問題提起から始まりました。あらためて価値論としての熟議民主主義をいかに正当化するかという議論を展開していただきました。

二人の報告をお聞きして、存在感が大きくなってからの熟議民主主義論をいかに評価するかで、だいぶ見方が違うことがわかりました。正当化の問題が後景に退いてしまったことに警鐘を鳴らす田畑さんに対して、田村さんは熟議システムという問題として発展させていく方向性で議論を展開されている。それをふまえて加藤さん、質問あるいは問題提起をお願いいたします。

加藤　田村さんの報告は、さまざまな「ドメイン」（あるいは、社会的領域）を熟議民主主義の対象にしていこうという議論に聞こえました。一方で田畑さんは、政治的なドメインのみで考えているように思えます。なぜそのような形で、熟議の領域を設定しているのでしょうか。

田村　その区別で言いますと、私は、さまざまなドメインのそれぞれにおいて「政治」あるいは「民主主義」を見出し、確定したいと思っています。つまり、政府や政党あるいは選挙などによる通常の意味での政治のドメインだけを政治の場とみなすのではなくて、家族や人々の日常的な人間関係などのドメインにも、政治を見出すことができるのではないかと考えています。そうなると、「なんでも政治になってしまうのではないか」と思われるかもしれません。しかし、そうではなくて、それぞれのドメインにおいて、政治をやっているときもあればやっていないときもあるという形で切り分けられるだろうと考えています。つまり、政治は確かにさまざまなドメインに遍在しているのですけれども、すべてのドメインがいつも政治のドメインだというわけでもありません。それぞれのドメインで政治が発生する・行なわれる時もあれば、そうでない時もある、という風に切り分けることができれば、「すべてが政治」ということにはならないと思います。

田畑　ドメインの問題は、私の議論に対する田村さんの批判でもあると思います。論点は、「私の議論は、結局、国家中心的な政治学の延長線上にすぎないじゃないか」という点です。確かに、社会のさまざまな場面で、熟議や政治の契機はありますし、それが重要であることにも異論はありません。

ではなぜ、私は、国家中心主義的な枠組みにこだわっているように見えるのでしょうか。その理由は、国家のような特定のユニットの決定が甚大な影響力を及ぼすからです。国家は法などを通じて、膨大な数の人々に義務を課すことができる権威として機能しています。そのため、その権威の正当化に課せられるハードルも高くなると考えられます。私は、ここから民主主義に基づく正当化の必要が導かれると考えています。もちろん、影響力の程度はグラデーションをもって描く必要があり、国家を絶対視することはできません。国家の枠を超えた国際機関や国際NGO、そして企業や家族といった私的と考えられてきた領域を含む仕方で、その影響力の正当化を考える必要はあります。この点は、私の課題です。ただ、そうした問題を、各領域に対する権限の配分・委譲として考えるならば、国家のような領域から議論を始めることは一つの道筋だと考えています。

位置づけの変化が意味するもの

宇野　私は田村さんの発表にあった、熟議民主主義の的確な位置づけということも重要なポイントだと思っています。最初の頃は代議制民主主義と熟議民主主義を対置して捉える議論がかなりありましたが、その後は闘技民主主義と熟議民主主義を対置する議論も出てきました。そして近年は発表にもあったように、認識論的民主主義や、代表者をくじ引きで選ぶロトクラシーという制度との対比などで論じられることも多くなっています。このような熟議民主主義の位置づけの変化は、どのような問題意識の変化を意味しているのでしょうか。

田村　大変難しい問題ですが、まず、熟議民主主義論の勃興期といえる一九八〇年代後半から一九九〇年代は、ユルゲン・ハーバーマス（Jürgen Habermas）やジョン・ロールズ（John Rawls）、ジョシュア・コーエン（Joshua Cohen）といった「第一世代」の研究者たちが、それぞれ違いはあっても哲学的に望ましい民主主義像を出そうとしていました。ただし、「望ましい」と言っても、かれらの「熟議民主主義」が自由民主主義ないし代表制民主主義に対置されるものとして、それに対するオルタナティブとして提出されていたかというと、必ずしもそうではありません。コーエンには経済民主主義的な発想があったので、オルタナティブの度合いが高かったと言えるかもしれません。しかし、ハーバーマスの『事実性と妥当性』などは、自由民主主義体制のなかにできるだけ積極的に熟議を位置づけようとする議論でした。ロールズについては、私は詳しいことを言えるだけの知見を持ち合わせていませんが、彼の議論のどの側面に意義を見いだすかによるのではないでしょうか。ともあれ、（政治）哲学者たちが、「これが望ましい」という規範的な構想という形で熟議民主主義を語っていたため、オルタナティブ性をもった議論として受け止められた可能性は高かったと思います。

　第一世代が「望ましい民主主義」としての熟議民主主義を語ったのに対して、それは理性や合理性を強調し過ぎており、そこに問題があると批判したのが「第二世代」です。そして「第三世代」になると、いまでいうミニ・パブリックスのような、人々が集まって話し合いをするような取り組みは、実は世界中に既に存在しているではないかということで、現実のなかに熟議民主主義が見出され、経験的な研究の対象になっていったわけです。

　この第三世代になると、熟議民主主義は、既存の自由民主主義体制・代表制民主主義のオルタナティブというよりは、既存の体制のなかにあるものとして位置づけられるようになっていきます（非自由民主主義体制のなかに熟議の制度を見出そうとする研究も現われてきますが）。「第四世代」と言われる熟議システム論も、その多くは、自由民主主義的な政治体制を前提としつつ、それをシステム論的な視座から捉え直すような議論をしているように思っています。

宇野　そうは言っても、現実を見ると代議制民主主義と熟議民主主義が本当に相互補完的になっているかというと微妙なところもある気がします。たとえば、自治体の職員の方に話を聞くと、けっこう熟議の必要性を感じているし、熟議を組みこんだ取り組みもやろうとしている。でもそうすると、やはり議員さんたちが反発することも少なからずあるようです。議会の外の声によって議会の議論が制約される、ましてそれに指示されるのは、やはり認めがたいというわけです。そういうタイプの「頭の硬い」議員さんに、もし田村さんだったらどう説得されますか。

田村　「本当は人々の声を聞きたいのではないですか」と尋ねると思います。選挙による代表が議会外の声に対して警戒感を持つというのは、昔から言われていたことです。ですから、ミニ・パブリックスとしての熟議の場から発せられる声に警戒的になることも、ありうることだと思います。とはいえ、一人の政治家としては、本当はきちんと熟議されたさまざまな声を聞いてみたいという人もいるのではないでしょうか。今は何もしなくても、インターネットなどを通じて人々の声にどんどん触れることができる時代です。でも、そうして出会うのは、ジェイムズ・S・フィシュキン（James S. Fishkin）の言う「生の声」であって、これを聞くのは大変でしょう。だから、熟議を通じた「練られた」

人々の声の方をむしろ聞きたいと思っている議員さんも、実はそれなりにいるのではないかと思います。

宇野　いまの説明は大変説得力があると思いました。田畑さんは、熟議民主主義と他の議論との関係あるいはその変化について、どのようにお考えですか。

田畑　私は、報告で、熟議民主主義が民主主義論内部でヘゲモニーを持っていると述べました。その理由は、田村さんと重なりますが、熟議民主主義が、既存のリベラル・デモクラシーと上手く連携できたからです。最近、山本圭さんが熟議と闘技を対比して、熟議が優勢であることを説明していますが、そこでも政策や制度設計という点で熟議民主主義のほうに一定の強さがあることを指摘しています[1]。

　もちろん批判はあります。典型的には、コンセンサス志向の熟議は、異議申し立てを抑圧している、もしくは論証を特権化し、それ以外の多元的コミュニケーション・モードを周辺化しているといったものです。しかし、ハーバーマスの二回路モデルが示しているように、既存の制度を維持しながら、こうした批判を取り込むことができています。このことによって、リベラル・デモクラシーとの連携により現実との接点を維持しつつ、理論的にもヘゲモニーを握る状況が形成されているのだと理解しています。

　ただ、民主主義論内部での熟議民主主義のヘゲモニーは、盤石ではありません。分析的政治理論が従来の正義論の枠を超えて、民主主義論にまでその適用範囲を広げてきているからです。ここにおいて、民主主義それ自体の正当化が課題となり、熟議という契機は後景に退きつつあります。私は、こうした状況に対して、熟議民主主義からの応答が必要ではないかと考えています。その試論が、今日の報告後半になります。

熟議民主主義はポピュリズムを包摂できるか

宇野　おっしゃるとおり、熟議民主主義がリベラル・デモクラシーとどこかで手を結ぶことによって優位を確保したとすると、今日、左と右から台頭しているポピュリズムの噴出を包摂できるのかどうかというのは重要な論点になると思います。この点についてお二人はどのようにお考えですか。

田畑　熟議民主主義論の一つのポイントは、スナップショットで考えるとうまくいっていないと見えるところがあっても、長期的に見たときにはある程度の堅牢さがあるということです。たとえばポピュリズムによる危機が起こったとしても、危機に対する市民の声が、立憲主義や民主主義の制度を維持しようとする形で発生する。実際、トランプ現象のようなポピュリズムが起きても、トランプ政権が政権交代してバイデン政権が成立したように、政権交代という民主主義の機能は（危かったとはいえ）維持されました。

ですから希望的観測かもしれませんが、熟議民主主義が立憲主義や自由民主主義と連携していると考えるならば、長期的にはポピュリズムを克服、もしくは包摂しえるのではないかと思いたいところです。

田村　熟議民主主義をどう捉えるかによって、二つに分かれると思います。一つは、熟議民主主義をミニ・パブリックスや市民会議のように、一般の人々を主に抽選で選ぶような制度化されたフォーラムとして考えるならば、ポピュリスト的な、非常に立場の強い政治的な対立を緩和するのに、抽選による熟議の場が役立つ可能性がある、ということです。

選挙型の代表制民主主義の場合、選挙制度にもよるとはいえ、現状ではポピュリズム的な強い対立がそのままの勢いで持ち込まれかねないところがあります。「強い対立」をもたらすのは、典型的には極右・急進右翼勢力や非リベラルな民主主義者ということになりますが、そういう勢力に対して抽選型の熟議のフォーラムは、抽選によって個人を無作為抽出するわけですから、集団的な党派性を表出するのとは異なる会議の場を作ります。それが、極端な意見の跳梁跋扈に対する防波堤になる可能性はあるのではないでしょうか。

　もう一つは、対話や議論によって人々のまとまりや連帯を作り出すような実践として熟議民主主義を捉える方向性です。こちらは、熟議的なプロテストや熟議的な社会運動のような形で熟議民主主義を捉え直していくわけです。こちらの理解に立てば、熟議民主主義は、一見したところポピュリストともみなされかねないような激しい運動を、熟議の視点から捉え直していくということになろうかと思います。

宇野　いま説明された二つ目の方向性、つまり熟議と社会運動はどのように組み合わさっていくのでしょうか。

田村　両者の組み合わせについては、いくつかの議論があります。たとえば、社会運動では、そのメンバーが比較的平等な立場で熟議をして合意形成することが重視されているという形での組み合わせがあります。つまり、社会運動の組織形成・意思決定に熟議を見いだしていくわけです。あるいは、社会運動のリーダーがレトリックを用いて異なる立場の人々を広く結びつけていくことを、熟議民主主義的な実践として捉える研究もあります。ジョン・ドライゼク(John Dryzek)による、マーティン・ルーサー・キングやネルソン・マンデラの解釈などがこれにあたります。最後に、社会運動の強力な異議申し立て自体が社会に当該の問題についての認識や見直しを促すことを、マクロな熟議的な効果として捉えていく研究があります。これは、熟議システム論の視座からの研究に見られます。

社会的選択理論から見た熟議民主主義

加藤　私の専門分野である社会的選択理論からは、熟議民主主義に関連して二つの大きな流れがあります。

一つは、投票制度の不可能性から熟議を考察するような流れです。ケネス・アロー（Kenneth Arrow）の不可能性定理によれば、人々の投票に基づき集計するような民主主義は不可能性に陥る[2]。だから熟議が必要だというような論点があります。これが社会的選択理論の一方の側から出てくる熟議の流れということになります。

かといって、その熟議を社会的選択理論の枠組みに導入すれば万事解決といった具合にはいきません。熟議もまた結局のところ不可能性に陥る。つまり、熟議が収束しないとか、熟議が悪い結果を導くということを、みんな感じ始めています。その意味では、社会的選択理論の立場からすると、熟議民主主義を支配的な考え方として受け入れているというよりは懐疑的な気持ちを何となく持っている様子と言ってよいかもしれません。

もう一方は功利主義の流れです。功利主義は個人の効用を集計して社会評価を下すという立場です。ロールズの『正義論』における目論見の一つは効用を集計することの問題を明らかにすることでしたが、社会的選択理論の枠組みのもと、アマルティア・セン（Amartya Sen）はロールズすらも批判して、「ケイパビリティ」という概念を提案しました[3]。「潜在能力」と訳されることもあります。これは、効用とか財ではなく、人々の「実際の自由」を重視する考え方です。

　そうすると今度は、自由とは何か、ケイパビリティとは何かという問題が出てくる。討議などで決めるのがいいのではないかというのがセンの立場です。これが魅力的に思われて流行ってきたんですが、最近はケイパビリティは本当に討議で決められるのか、公共的討議などで決められるのかということが問題になってきています。

　質問したいことは次のことです。私が取り組んでいる社会的選択理論の二つの大きな流れのなかで出てきた熟議や討議というものは、かなり大きな問題に直面しているという印象があるということです。今日報告をうかがいながら、私が見ている風景とはずいぶん違うなという印象を受けました。熟議民主主義は想定されているほど信頼できるものなんでしょうか。

宇野　大きな爆弾が投下された気がします(笑)。社会的選択理論の立場からの熟議民主主義に対する問題提起として、熟議が本当に合意をもたらしてくれるのか、あるいはむしろ分断をもたらしてしまうのではないのか、さらに悪しき結論がもし出てきてしまうとするとどうなるのかという話もあります。熟議民主主義の立場から、今の加藤さんの問題提起に対して、どのようにお答えになるでしょうか。

田村　一つ確認したいのですが、熟議の不可能性というのは、熟議できちんと投票ができるようにしても、投票の不可能性が回避されるとは限らないという意味か、それとも熟議自体の不可能性という意味か、どちらですかね。

加藤　不可能性が回避されるわけではないということです。

田村　なるほど、わかりました。私の感覚だと、それはどちらもあるのではないかという気がします。確かに不可能性が回避されない場合もあるかもしれないけれど、回避されるときもあるのではないか。そうだとすれば、どういう場合だったら回避されるかを考えていけばいいのに、どうして不可能性の方にもっぱらフォーカスするのだろうか、という感じがします。

なお、私がこういう「感じ」がするのは、もしかしたら、私が政治や民主主義の結果というのは偶発的なものであって、あらかじめ定まった結論を予測したり期待することは難しい、という政治観・民主主義観を持っているからかもしれない、と思います。うまくお答えできているかわかりませんけれども。

二つ目の、個人のケイパビリティをみんなで決めるのがいいのかどうかという問題についてです。みんなで決めるのをよしとしない場合、その人のケイパビリティはその人自身しかわからない、といった当事者主義的な考え方になるでしょうか。ただ私は、当事者が自分のことを本当によく知っている、何が望ましいかわかっているということに少し疑問を持っています。それは、私が熟議民主主義にシンパシーを持っている理由とも関わっています。人は自分が本当に何を望んでいるか、本当はどうしたいかをわかっているとは言えないのではないでしょうか。むしろ他の人と相談したり、アドバイスされて、「ああ、そうか」「ではそうしようか」「やはりその方がいいよね」ということも多いのではないでしょうか。そうだとすると、ケイパビリティを人々の話し合いで決めるのは、それほど悪いことではないのではないかという気がします。

田畑　私の理解としては、熟議民主主義論のなかでも哲学的に議論する人は、社会的選択理論と協働しようと、さまざまなセオリーを提示してきたと思います。たとえばジョシュア・コーエン（Joshua Cohen）が熟議民主主義論を始めた一つのきっかけは、ウィリアム・ライカー（William Riker）の社会的選択理論の議論です。コーエンはそれを認識論的民主主義論の一つのモデルとして受け止め、批判するなかで熟議民主主義論を構想します(4)。デイヴィッド・エストランド（David Estlund）も、社会的選択理論に関する論文を書いています(5)。ただ、加藤さんの問題提起から考えると、それらはあまり社会的選択理論にインパクトを与えていないのかもしれません。

加藤　ライカーは最近は言及されることが少なくなりましたが、かつて、不可能性の中身を開こうとした人です。具体的には、投票としての民主主義が不可能性という問題を持っているとしても、それがどれくらいの頻度で起きるのか、ということを考えました。田村さんの指摘と親和性の高い試みと言えます。なぜライカーが言及されなくなったかというと、いかなる場合にでも問題が起きない制度を目指す、「理想」の追求の流れがあったのかもしれません。最近、政治哲学ではエストランドが政治社会の理想を追求することの重要性を説いていますが、それと近いものがあります(6)。エストランドの投票の論文を読む社会的選択理論の研究者は多くはいない気がしますが、彼の理想の追求の問題は社会的選択理論にとっても重要だと思います。

田畑　センに関しては、ケイパビリティの内容を公共的討議で決めるという部分で、かなり熟議民主主義の議論と親和的だと思います。興味深いのは、不偏的理由（impartial reason）に支えられた一定の枠内で複数の正義構想が成立することを許容する点です。ハーバーマスも、普遍主義的な道徳的理由と各共同体で異なる倫理的理由を分け、道徳的理由の枠内で各々の倫理的理由に基づいた複数の正義構想が成立しうるとしています。公共的討議を通じた普遍主義に根ざした一定の枠組みの設定という方向は、その枠組みの外にある不正義の特定と理解することもでき、ハーバーマスが「公論」の生成という観点から描こうとする熟議民主主義論と近いです。

加藤　熟議の信頼性についてはどうでしょうか。

田畑　熟議がどの程度依拠できるものなのかという点については、近年の経験的研究では否定的見解も示されています。ただ、そうした潮流に抗して主張したいのは、先に述べたのと同じになりますが、スナップショットではなく、長期的視点から考えるという点です。こうした議論として、ハーバーマスによる「理由のプール」という考えがあります。それは、公共圏で日々営まれている熟議を通じて社会に蓄えられ、更新されていく理由が、社会における政治的決定の幅を定めるというものです。こうした議論は、長期的な学習過程として熟議民主主義を捉えるもので、先の不正義が特定される過程のもう一つの側面とも言えます。センが理性への信頼を主張するとき、同じような想定に立っているように思います。

加藤　センは社会的選択理論を広く解釈して、民主主義を分析することで「閉じられた」社会契約論と異なる立場に立とうとしています。この傾向は近年の著作『正義のアイデア』などで顕著です。しかし、一方で、標準的な熟議民主主義にコミットしているとは言えない部分もありますよね。

田畑　私もそう思います。センは、異なる観点に開かれた開放的不偏性を主張し、そこから開かれた公共的討議が必要であると主張しています。この点で、センは、他者と実際に話すなかで、理由を交換・検討することの重要性を強調し、熟議民主主義に接近します。他方で、開放的不偏性を考える際に、センは、トマス・スキャンロン（Thomas Scanlon）による「理に適った拒絶可能性テスト」という有名な枠組みに依拠しているのですが、この枠組みは、他者との直接の理由の交換を要請しません[7]。このズレが、私としては気になります。スキャンロンのような枠組みにおいても、「deliberation」という契機が強調されることもありますが、その中身は熟慮「deliberation within」であって、他者との実際の討議までは求めないのが一般的です[8]。センは、開放的不偏性という観点から実際に公共的討議を行なうことを重視している一方、依拠している枠組みは、他者と実際に話すという契機を求めないものになっており、私はここでいつもよく分からなくなります。この点は、センがロールズとハーバーマスをあまり区別せずに扱っていることと関係するのかもしれません。

田村　補足的なコメントですが、たとえばミニ・パブリックスで本当に熟議できているのかどうかについても、実証的な研究者のなかで意見が分かれます。見ている事例も違うし、評価の仕方も違いますから、それはそうだろうなと思います。何が言いたいかというと、熟議民主主義の理論方面だけでなく実証方面でも、加藤さんの指摘と同じような「熟議できるのか」「熟議でうまくいくのか」は論点となっている、ということです。

それから田畑さんの発言にあった「熟議」と「熟慮」については、どちらも英語では「deliberation」になってしまうのですが、この二つを同じものとみなしてよいのかどうかというのも、議論が分かれるところです。私自身は、複数の人々の間でやり取りすることが重要だと考えています。つまり、熟慮よりも熟議が大切なのではと思っています。他方で、一見したところでは他者との相互作用で選好や意見の変容が起こっているようでも、本当は自分のなかでの「熟慮」で起こっているのではないかという議論もあります。もちろん、帰結主義的に見て、熟議と熟慮で得られるものが同じと期待できるのであれば、両者の違いにこだわることにはあまり意味がない、という見解もあるでしょう。私自身は「熟慮よりも熟議」と言いましたけれど、この論点についても、さまざまな立場からさらに研究が進んでいけばよいとも思っています。

宇野　ありがとうございます。いま議論いただいたように、熟議がうまく行く場合と行かない場合というのは、なかなか決着はつかないものの、重要な問題だと思います。また熟議と熟慮というのも興味深い論点です。

　短い時間にいろいろな論点を詰め込んでしまったために、それぞれの論点についてはやや踏み込み不足な面もあったかと思います。その点はお詫び申し上げます。しかし、今日は田村さんと田畑さんというお二人をお招きできたおかげで、この三〇年の熟議民主主義論とは何だったのかということを振り返る非常に良い機会になりました。これまで素人としてはなかなか聞きづらかった質問もできて、私は大変満足感がありました。本当にお二人には心から感謝したいと思います。

注

（1）『現代民主主義――指導者論から熟議、ポピュリズムまで』中公新書、二〇二一年。

（2）ケネス・J・アロー『社会的選択と個人的評価（第三版）』長名寛明訳、勁草書房、二〇一三年。

（3）アマルティア・セン『正義のアイデア』池本幸生訳、明石書店、二〇一一年。

(4) Joshua Cohen, “An Epistemic Conception of Democracy,” *Ethics*, 97(1), 1986, pp.26-38.

(5) D. M. Estlund, “Opinion leaders, independence, and Condorcet's jury theorem,” *Theory and Decision*, 36, 1994, pp.131-162.

(6) D.Estlund, *Utopophobia: On the limits (if any) of political philosophy*, Princeton University Press, 2019.

(7) Thomas Scanlon, *What We Owe to Each Other*, Harvard University Press, 1998.

(8) Nicholas Southwood, *Contractualism and the Foundations of Morality*, Oxford University Press, 2010.

あとがき

記憶を辿ってみると、私が、宇野重規さんと政治哲学について対話をするようになってから一〇年以上が経ったような気がする。最初のきっかけは、ジョン・ロールズの正義論への関心を共有したことだった。それ以来、道端や廊下、あるいは学生食堂といったところでばったり出会った時などに、政治哲学関係の研究のアイデアや最近の研究動向についての情報の交換を行なうというのが定番である。

一度に話すのはそれほど長くなくても、こうした対話は充実したものになることが多い。自分の研究室に戻ってから会話中に出てきた著作を読むこともあるし、他の人と対話するときに思い出すこともある。そして、ある時の対話と別の機会の対話がうまくつながり、頭のなかでぼんやりと新しい研究のアイデアの形ができてきたりすることも少なくない。

この本に参加してくださった人たちとも多くの対話をしてきた。たとえば、井上彰さんとは、学術誌に出版されたばかりの政治哲学の研究論文の解釈について、意見交換をしたりする。広瀬巌さんや押谷健さんとは、日常言語で書かれた倫理学の概念をいかにして、数理的に表現できるのか、その表現がどのような意味を持つか、といったことを議論したりすることも多い。その場の流れでテーマを変えつつ、自由に話す時間というのは本当に貴重な機会である。こうしたやりとりは研究のもっとも重要なプロセスであり、自分たちが普段経験している対話を読者のかたがたと広く共有したい、という思いが、私にとってのこの本の出発点だった。

私の専門領域は「社会的選択理論」（あるいは「厚生経済学」）という学問分野である。これは経済学の一分野として知られているが、平等や公平性などの規範的な問題と深く関わるので、政治哲学や倫理学の隣接領域とも言えるだろう。経済学者として研究に取り組んできたが、二〇一八年ごろから、もっと政治哲学や倫理学で本格的に研究をやってみたいという気持ちが段々と強くなってきた。

まったく同じテーマを考えるときも、経済学者と哲学者で向き合い方が違うことも少なくない。経済学者にとっても、哲学者にとっても、論理的に考えることが重要だということは変わらないが、「直観」の使い方などは大きく異なる場合も少なくない。経済学者の方が現実的な政策的含意をもとにした直観を重視するのに対して、哲学者の場合はかなり現実離れしているような思考実験を行なって直観をたしかめることもあるように思う。こうした直観の使い方の違いは本質的な問題で、たとえば、将来世代の厚生評価を割り引くべきか否かということなどでは、経済学者と哲学者でまったく異なる答えをする傾向がある。それゆえ、政治哲学の文献を読んだり、哲学の論文を書いたりしているときには、経済学に取り組むときと別の角度から物事を捉えようとしなければならないこともある。そのため、「政治哲学者は何を考えているのか？」というのは、私自身、日々考えざるを得ない問いである。

この問いに向き合ううえで、そして、哲学の問題に取り組もうとするなかで、何によりも重要だったのは、先ほど挙げたような友人たちとの対話である。たとえば、哲学者の「直観」については広瀬さんとの対話にどれだけ助けられたか分からない。体系的に作られた書籍や論文は、いわば完成されたアウトプットであり、そこからは研究の生産プロセスが見えないことも多い。体系的な論考は、綺麗に盛りつけられた料理のようなものであって、そのレシピや隠し味を言いあてるのはとても難しい。また、書く途中に、重要でも荒削りなアイデアはあえて削除してしまうこともある。研究の生産プロセスである、多くの示唆を含んだ対話を少しでも再現するにはどうしたらよいのだろうか。

　こうした思いを抱きながら、私たちの所属している東京大学社会科学研究所で、二〇二一年から二〇二二年にかけて六回のワークショップを行なった。このワークショップのシリーズは、新型コロナパンデミックの最中に行なわれたが、オンラインないしはオンラインと対面のハイブリッドによる公開形式だった。一回分は一時間半から二時間程度で、二名の報告者が、それぞれ二〇分から三〇分ほどの「報告」をした後で、司会などを加えてパネルディスカッションを行なった。この本の各章が一回分のワークショップに対応している。本書の一つの章を読めば一回分のワークショップに参加したようなかたちとなるだろう。

　後半はかなり自由にディスカッションをしたため、話題がジャンプしたり、まとまりのないアイデアを話したりしているところもあった。この部分は、ライターの斎藤哲也さんに書き起こしを整理、構成していただいた。斎藤さんからやってくる作業後のファイルを開くときはいつも大きな驚きと喜びを伴っていた。斎藤さんの大胆かつ丁寧な作業がなければ本書が完成することはなかっただろう。この構成作業をもとに、執筆者が加筆、修正を行なったものが各章の後半部である。前半の報告のパートは、話した本人が自ら編集と加筆修正を大幅に行なっている。

このワークショップシリーズは東京大学社会科学研究所の全所的プロジェクト「社会科学のメソドロジー：事象や価値をどのように測るか」に合計五つあるサブプロジェクトの一つとして実施された。そこで、本書はこのプロジェクトの成果の一部であり、プロジェクトのメンバーたちから大きな助けをいただいた。全所的プロジェクトは、社会科学上の重要な研究テーマを数年間かけて横断的に議論する取り組みで、社会科学研究所で五〇年以上続いてきたものである。このプロジェクトの性質上、政治哲学と社会科学の結びつきというのも編者にとっては重要なテーマだった。

また、ワークショップシリーズの企画段階の打ち合わせから参加してくださり、多くの面でサポートしてくださった、勁草書房の関戸詳子さんに大変感謝している。たとえば、この本は、より多くの読者にできるだけ読みやすいように文字のフォントを調整しているが、これも関戸さんの真摯な対応がなければ実現することがなかった。最後に、ワークショップに参加してくださった皆さんに感謝したい。

加藤　晋

古田拓也（ふるた・たくや） 第５回
1985年生。二松学舎大学国際政治経済学部専任講師。政治思想史。著書・論文は、『ロバート・フィルマーの政治思想――ロックが否定した王権神授説』（岩波書店、2018年）、“J. R. Seeley in Japan, 1880s–1940s”, *The Historical Journal* 66（2）、“Without Laslett to the lost worlds: Quentin Skinner's early methodology”, *Japanese Journal of Political Science* 22（3）など。

森村　進（もりむら・すすむ） 第２回
1955年東京生まれ。一橋大学名誉教授。前日本法哲学会理事長。専門は法哲学。主な著作に『財産権の理論』（弘文堂、1995年）、『自由はどこまで可能か――リバタリアニズム入門』（講談社現代新書、2001年）、『リバタリアニズム読本』（編著、勁草書房、2005年）、『法哲学講義』（筑摩書房、2015年）、『正義とは何か』（講談社現代新書、2024年）ほか。主な訳書に、M・オークショット『増補版　政治における合理主義』（共訳、勁草書房、2013年）、D・パーフィット『重要なことについて』１～３巻、（勁草書房、２巻は共訳、2022-2023年）ほか多数。

柳　愛林（りゅ・えりん） 第５回
1983年大韓民国釜山生まれ。九州大学大学院法学研究院准教授。専門は日本政治思想史。著書に、『トクヴィルと明治思想史――《デモクラシー》の発見と忘却』（白水社、2021年、第８回吉野作造研究賞最優秀賞）、論文に「エドマンド・バークと明治日本――金子堅太郎「政治論略」における政治構想」（「國家學会雑誌」127巻、９・10号）など。

の乗り越え方の政治理論的考察』（ナカニシヤ出版、2017 年）、“Another Way for Deepening Democracy without Shortcuts,” *Journal of Deliberative Democracy*, 16（2）, 89-95 など。

田畑真一（たばた・しんいち） 第 6 回
1982 年生。北海道教育大学准教授。専門は政治理論、民主主義論。博士（政治学）。論文に「正統な権威としてのデモクラシー――認識的価値と平等からのデモクラシー擁護論の検討」（『政治思想研究 』第 21 号、2021 年）、「ハーバーマスにおける公共」（『思想』2019 年 3 月号）、「代表関係の複数性――代表論における構築主義的転回の意義」（『年報政治学』2017（I））ほか。訳書に、ヤン＝ヴェルナー・ミュラー『憲法パトリオティズム』（共監訳、法政大学出版局、2017 年）。

趙　星銀（ちょ・さんうん） 第 4 回
1983 年生。明治学院大学国際学部准教授。専門は日本政治思想史。著書に、『「大衆」と「市民」の戦後思想――藤田省三と松下圭一』（岩波書店、2017 年）。論文に、「清水幾太郎と危機の 20 世紀――「流言蜚語」から「電子計算機」まで」『思想』（岩波書店、2020 年 5 月）など。

馬路智仁（ばじ・ともひと） 第 4 回
1983 年生。東京大学大学院総合文化研究科准教授。専門は政治思想史、国際関係思想史。著書に、*The International Thought of Alfred Zimmern: Classicism, Zionism and the Shadow of Commonwealth*（Palgrave Macmillan, 2021）。論文に、“Colonial Policy Studies in Japan: Racial Visions of Nan’ yo, or the Early Creation of a Global South,” *International Affairs*, 98（1）, 2022 など。

広瀬　巌（ひろせ・いわお） 第 2 回
マギル大学（カナダ）哲学部カナダ特別教授。専門は道徳哲学。著書に *Moral Aggregation*（Oxford University Press, 2015）, *Egalitarianism*（Routledge, 2015）〔齊藤拓訳『平等主義の哲学――ロールズから健康の分配まで』勁草書房、2016 年〕、*The Ethics of Health Care Rationing: An Introduction*（共著、Routledge, 2014, 2022）〔児玉聡監訳『誰の健康が優先されるのか――医療資源の倫理学』岩波書店、2017 年〕、『パンデミックの倫理学――緊急時対応の倫理原則と新型コロナウイルス感染症』（勁草書房、2021 年）ほか。編・監訳書に『平等主義基本論文集』（勁草書房、2018 年）。

押谷　健（おしたに・けん）　第３回
1988年生。東京大学社会科学研究員。専門は現代政治理論、政治哲学。論文に“Specifying Contractualism: How to Reason About What We Owe to Each Other,” *Journal of Value Inquiry*（forthcoming）, “Contractualism and the Moral Point of View,” *Ethical Theory and Moral Practice* 25（4）, 2022.

重田園江（おもだ・そのえ）　第３回
1968年生。明治大学政治経済学部教授。専門は政治思想史、現代思想。著書に『ミシェル・フーコー――近代を裏から読む』（ちくま新書、2011年）、『社会契約論――ホッブズ、ヒューム、ルソー、ロールズ』（ちくま新書、2013年）、『統治の抗争史―― フーコー講義1978-79』（勁草書房、2018年）、『ホモ・エコノミクス ――「利己的人間」の思想史』（ちくま新書、2022年）、『真理の語り手――アーレントとウクライナ戦争』（白水社、2022年）など。

上村　剛（かみむら・つよし）　第５回
1988年生。関西学院大学法学部准教授。専門は英米政治思想史。著書に『権力分立論の誕生――ブリテン帝国の『法の精神』受容』（岩波書店、2021年、第43回サントリー学芸賞（思想・歴史部門））。共編著に、『歴史を書くとはどういうことか――初期近代ヨーロッパの歴史叙述』（勁草書房、2023年）。共著に、『戦後日本の学知と想像力』（吉田書店、2022年）。論文に、「立法府は立法権を行使しているか？――ハイエクの権力分立論と思想史理解の変遷」（『年報政治学』2023年第1号、pp. 202-224）など。

関口佐紀（せきぐち・さき）　第５回
早稲田大学現代政治経済研究所特別研究所員。専門は近代フランス政治思想、政治哲学。論文に、「ルソーの政治思想における狂信批判」（『社会思想史研究』第44号、2020年9月、pp.74-92）、「ルソーの政治思想における監察の理念と実践」（『日本18世紀学会年報』第38号、2023年6月、pp.12-26）など。共著に、『政治思想と啓蒙』（ナカニシヤ出版、2023年）、『歴史を書くとはどういうことか――初期近代ヨーロッパの歴史叙述』（勁草書房、2023年）など。

田村哲樹（たむら・てつき）　第６回
1970年生。名古屋大学大学院法学研究科教授。名古屋大学大学院法学研究科博士後期課程修了、博士（法学）。専門は政治学、政治理論。著書に『熟議の理由――民主主義の政治理論』（勁草書房、2008年）、『熟議民主主義の困難――そ

編者略歴

宇野重規（うの・しげき）

東京大学社会科学研究所教授。専門は政治思想史・政治哲学。著書に、『政治哲学へ――現代フランスとの対話』（東京大学出版会、2004 年、増補版 2019 年）、『トクヴィル――平等と不平等の理論家』（講談社選書メチエ、2007 年。講談社学術文庫、2019 年）。『保守主義とは何か――反フランス革命から現代日本まで』（中公新書、2016 年）、『民主主義とは何か』（講談社現代新書、2020 年）、『日本の保守とリベラル――思考の座標軸を立て直す』（中公選書、2023 年）、『実験の民主主義――トクヴィルの思想からデジタル、ファンダムへ』（中公新書、2023 年）ほか。

加藤　晋（かとう・すすむ）

東京大学社会科学研究所准教授。専門は社会的選択理論および組織の経済学。政治哲学や規範倫理学にも取り組む。論文に、“Critical-level sufficientarianism,” *Journal of Political Philosophy*（2022）, 30（4）: 434–461（ウォルター・ボッサール、釜賀浩平との共著）、“Are good leaders truly good? Analysis,”（2023）: anad001（井上彰との共著）など。

著者略歴（五十音順）

犬塚　元（いぬづか・はじめ）　第 1 回

1971 年生。法政大学法学部教授。専門は政治学史・政治思想史。著書に、『デイヴィッド・ヒュームの政治学』（東京大学出版会、2004 年）。翻訳に、デイヴィッド・ヒューム『自然宗教をめぐる対話』（岩波文庫、2020 年）。共著に『政治学入門――歴史と思想から学ぶ』（有斐閣、2023 年）、『感受性とジェンダー』（水声社、2023 年）、『バーク読本』（昭和堂、2017 年）など。

井上　彰（いのうえ・あきら）　第 1 回

1975 年生。東京大学大学院総合文化研究科国際社会科学専攻教授。専門は政治哲学・応用倫理学・実験哲学。著書に『正義・平等・責任――平等主義的正義論の新たなる展開』（岩波書店、2017 年）、共著に『正義論――ベーシックスからフロンティアまで』（法律文化社、2019 年）、共編著に、『人口問題の正義論』（世界思想社、2019 年）、編著に『ロールズを読む』（ナカニシヤ出版、2018 年）、共訳書に、ジェイソン・ブレナン『アゲインスト・デモクラシー』（勁草書房、2022 年）など。

政治哲学者は何を考えているのか？
メソドロジーをめぐる対話

2024年2月20日　第1版第1刷発行

編著者　宇《う》野《の》　重《しげ》規《き》
加《か》藤《とう》　晋《すすむ》

発行者　井村　寿人

発行所　株式会社　勁《けい》草《そう》書房

112-0005　東京都文京区水道2-1-1　振替　00150-2-175253
（編集）電話　03-3815-5277／FAX　03-3814-6968
（営業）電話　03-3814-6861／FAX　03-3814-6854
堀内印刷所・松岳社

ISBN978-4-326-35192-3　Printed in Japan